胜任力模型应用实务

——企业人力资源体系构建技术、范例及工具

张登印 李颖 张宁 著

人民邮电出版社

北　京

图书在版编目（CIP）数据

胜任力模型应用实务：企业人力资源体系构建技术、范例及工具／张登印，李颖，张宁著 . —北京：人民邮电出版社，2014. 10（2021.10重印）
ISBN 978-7-115-36782-2

Ⅰ.①胜… Ⅱ.①张…②李…③张… Ⅲ.①企业管理—人力资源管理 Ⅳ.①F272.92

中国版本图书馆 CIP 数据核字（2014）第 186413 号

内 容 提 要

移动互联网时代，传统的组织模式亟需改变。组织模式转变的关键是人力资源管理模式的转变。胜任力模型是一种新型的人力资源管理工具，基于胜任力模型的人力资源管理体系能够以能力发展为核心，将组织愿景、价值观念、企业文化、经营战略等现代化经营理念，真正有效地转化为每一位员工的言行习惯。

本书作者拥有十多年的胜任力建模经验，曾为联想集团、中国银行、金融街控股等知名企业提供过人才管理咨询和培训服务。全书从实际操作的角度出发，通过技术方法、应用实例、工具箱三大模块，详细介绍了胜任力模型在人力资源规划、人才招聘与甄选、绩效管理、培训体系设计等六项工作中的具体应用，有助于企业快速建立基于胜任力模型的人力资源管理体系。

本书适合企业经营管理人员尤其是人力资源管理人员，培训师、咨询师，以及高等院校相关专业的师生阅读、使用。

◆ 著 张登印 李 颖 张 宁
责任编辑 庞卫军
执行编辑 付 路
责任印制 杨林杰
◆ 人民邮电出版社出版发行　　北京市丰台区成寿寺路 11 号
邮编 100164　 电子邮件 315@ ptpress. com. cn
网址 http://www. ptpress. com. cn
北京虎彩文化传播有限公司印刷
◆ 开本：700×1000 1/16
印张：15　　　　　　　　　　2014 年 10 月第 1 版
字数：150 千字　　　　　　　2021 年 10 月北京第 30 次印刷

定 价：49.00 元
读者服务热线：(010) 81055656　印装质量热线：(010) 81055316
反盗版热线：(010) 81055315
广告经营许可证：京东市监广登字 20170147 号

序　言

　　"没有目标就无法瞄准和射击。"在众多组织快速存亡更替、人才产出机制成为核心竞争力的时代，组织迫切地需要在人才管理上"做正确的事情"，而建立组织的胜任力模型体系就是把事情做对的基础。

　　自 2004 年成立至今，智鼎公司已经走过了十个年头。十年间，智鼎公司一直围绕胜任力，为客户提供人才管理方面的专业咨询服务。从最初的为金融类客户做干部选拔时采用的专家访谈法建模，到为客户建立全面人力资源体系而采用的行为事件访谈法（BEI）建模，再到为客户减低时间和资金成本而自主研发、拥有独立知识产权的胜任力卡片敏捷建模，智鼎公司坚持不懈地将人才管理，尤其是胜任力建设与应用方面的专业知识与技术传授给客户，在客户的管理实践中落地，达到预期效果，积累并不断发展胜任力建模与应用方面的技术方法。

　　近些年来，很多组织都通过咨询公司或依靠自身资源构建了胜任力模型。从理论上讲，胜任力模型本应能在组织的人才管理工作中起到至关重要的作用，但实际上，无论是通过与人力资源从业者的交流，还是通过专项调查，我们都发现了一个普遍的现象：很多组织在建完模型后，就将这一纸文档束之高阁。虽然智鼎公司通过咨询项目已经为近百家客户建立了实用的胜任力模型及应用体系，但相对于需要建立胜任力模型及应用体系的众多企业和组织而言，单单依靠这些咨询项目，还远远不能满足其需求。我们一直都在思考：如何才能将我们这套经过实践检验的、实用的胜任力建模及应用体系建设方法传播得更广，使更多有需求的企业和组织从中受益，真正将胜任力模型应用于人才管理实践。鉴于此，我们进行了两项尝试：一是每年至少组织两次胜任力模型建立与应用认证课程；二是出版此书。

从策划之初，我们就将本书定位为一本系统、实用的工具书。在本书的编写过程中，我们集全公司力量，挑选出在胜任力建模与应用方面最为资深、经验最为丰富的几位咨询师。他们从已有项目经验中抽离出最精华、最有效的思路和工具，以通俗易懂的方式娓娓道来，以期帮助读者在人力资源工作中应用好胜任力模型这一重要工具。

本书整体上分为两大模块：胜任力与胜任力模型概述（第一章）、胜任力模型的实践应用（第二至第七章）。

在本书第一章中，我们简要介绍了胜任力及胜任力模型的定义、常用建模方法以及构建基于胜任力模型的人力资源管理体系的必要性。

第二至第七章，我们从实际操作的角度出发，重点介绍了如何将胜任力模型应用于具体的人力资源管理实践中。每一章都分为技术方法、应用实例与工具箱三个模块。在"技术方法"模块中，我们对胜任力模型在人力资源各模块实践中应用的技术方法、实施步骤及注意事项进行了剖析；在"应用实例"模块中，我们通过列举各企业的具体实例，进一步展示了如何基于胜任力开展具体的人力资源管理工作；在"工具箱"模块中，我们提供了从胜任力模型应用实践中提炼总结出的常用工具和模板，方便读者随时阅读、使用。

在本书的编写过程中，得到了智鼎公司人才管理咨询事业部张莉、张璇、杜明月、李欣、肖艳、刘振超、杨大宇等诸位同事的大力支持和鼎力相助，在此衷心感谢他们的辛勤劳动和贡献。由于写作时间仓促，书中难免存在不足之处，敬请读者批评指正。

目 录

第一章　胜任力与胜任力模型概述

随着科学技术的不断更新及互联网的不断冲击，组织所处的环境与市场日趋复杂和难以预测，其工作内容、工作性质和职责边界等方面也都发生了巨大变化，在这样的情况下，组织要想变化与发展，就要改变人力资源的管理模式。现如今，传统的注重职能型、事务性的人力资源管理模式正逐渐显露出其固有的弊端，组织需要开发一种新的人力资源管理模式。为了提高市场反应能力、增强组织的整体竞争能力，组织的核心竞争力的形成将来自于对员工胜任能力，尤其是那些具有很高专业技术和能力的员工能力的管理。在新经济时代，基于员工胜任力的人力资源管理是企业获取竞争优势的重要途径。

基于胜任力的人力资源管理体系，能够以能力发展为核心，将组织愿景、价值观念、企业文化、经营战略等现代化经营理念，真正有效地转化为每一位员工的言行习惯。本章将介绍胜任力的起源与发展，胜任力及胜任力模型的定义、分类与构建方法，以及构建基于胜任力的人力资源管理体系的必要性。

第一节　胜任力与胜任力模型概述

一、胜任力研究的起源

胜任力的概念最早可追溯至古罗马时代，当时人们为了说明什么样的战士才算是"一名好的罗马战士"，就构建了胜任剖面图（Competency Profiling），这可视为胜任力的雏形。20 世纪初，"科学管理学之父"泰勒开展了"时间—动作"研究。1911 年，他通过研究发现，优秀工人和较差工人在完成工作时存在差异，他建议管理者使用时间和动作分析方法去界定工人的胜任特征是由哪些因素构成的，同时通过系统的培训或发展活动去提高工人的胜任力，进而提高组织效能，这可视为胜任力建模的启蒙。

20 世纪 50 年代后期，美国政府支持哈佛大学的著名心理学家麦克利兰（McClelland）博士对选拔外交官的方法进行研究。麦克利兰博士经过长期研究，提出了胜任模型及其分析方法，并建立一家咨询公司专门承担美国政府选拔外事情报员的任务。1973 年，麦克利兰在其具有标志意义的文章 *Testing for competence rather than for intelligence* 中首次提出胜任力的概念。他运用大量的研究结果说明滥用智力测验来判断个人能力的不合理性，并强调应该离开被实践证明无法成立的理论假设和主观判断，回归现实，从第一手材料入手，直接发觉那些能真正影响工作业绩的个人条件和行为特征。从此之后，胜任力在西方国家掀起了应用热潮，很多国家开始了胜任力研究和应用方面的探索，并建立了一系列的胜任力模型库和测量表。1982 年，理查德·博亚兹（Richard Boyatzis）出版了《胜任的经理：一个高效的绩效模型》一书，胜任力模型开始真正应用于企业领域，并取得了很好的效果。

胜任力模型在人力资源管理活动中起着基础性和决定性的作用，企业可以利用胜任力的可衡量性来评价其领导者及各层级员工目前在胜任力方面存在的差距，以及未来需要改进的方向和程度。如此拓展开来，胜任力模型现正被越来越广泛地应用于人力资源的各个领域，成为组织提升管理效率、优化管理成本的必要工具。具体内容如图 1-1 所示。

图 1-1 中各模块说明如下。

基于胜任力模型的人力资源规划与人才盘点，可以提升人力资源规划与人才盘点的精细化水平，提高其实用性。

基于胜任力模型的人才招聘与甄选，可以提高"人才筛选"的精准性与成功率。

基于胜任力模型的绩效管理，可以弥补业绩导向考核方式的片面性。

基于胜任力模型的人才培养设计，能够获得清晰的人才培养标准，促进更具针对性的培训需求诊断，提高人才培养的效率。

基于胜任力模型的个人发展计划设计，可以明晰员工的发展路径，帮助员工逐步解决自身职业发展上存在的不足。

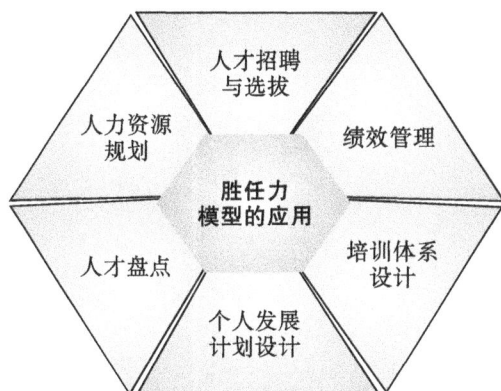

图1-1　胜任力模型的应用

二、胜任力基本概念

胜任力有多种定义和解释，先是怀特在1959年将人的一种特质称之为胜任力（Competence），而后，麦克利兰于1973年提出胜任力能够把达标绩效与不达标绩效区分开来，并且能够在一系列的生活角色包括职务角色中表现出来。目前普遍使用的是斯宾塞（Spencer）夫妇于1993年提出的概念，即胜任力是指能够将某一岗位（或组织、文化）上表现优异者与表现平平者区分开来的潜在的、深层次的个人特征，它可以是动机、特质、自我形象、态度或价值观、某领域的知识、认知或行为技能中任何可以被可靠测量或计数的，并且能显著区分工作中优秀绩效和一般绩效的个体特征。

胜任力可以用冰山模型来表示，即把个体取得成功所需的个体特征比喻为在海面漂浮的一座冰山。个体是否成功不仅受到水面以上容易观察与测量的表层特征的影响，如知识、技能等；还受到水面以下深层次特征的影响，如社会角色、自我概念、个性特点和动机等。后者往往是决定人们能否取得优异绩效的关键因素。胜任力冰山模型如图1-2所示。

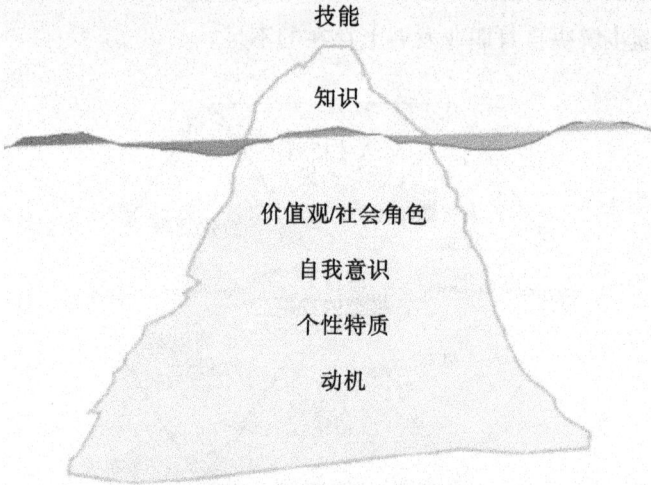

图1-2　胜任力冰山模型

胜任力的概念包含以下三个要点。

（1）胜任力是个体特性的组合。这种组合不仅包括知识、技能等外显部分，还包括不易察觉的价值观、个性特质、动机等。

（2）胜任力与绩效密切相关。胜任力的高低最终体现在员工工作绩效水平的差异上，只有那些能够对绩效产生预测作用的个体特征才属于胜任力。

（3）胜任力是可衡量、可分级的。即使是水面以下部分的个体特征，也可以利用多种方法对其进行衡量与评估。

三、胜任力模型

（一）胜任力模型的定义

在一个组织中，不同的岗位要求员工具备的胜任力内容和水平是不同的；即便是同一岗位，在不同组织和不同行业中，对各员工的胜任力要求也可能不同。我们把驱动个体在某情境中产生优秀工作绩效的各种个体特征的集合称为胜任力模型（Competency Model）。

（二）胜任力模型的构成与表现形式

胜任力模型的构成与表现形式往往会受到建模预算、建模目的、建模人员习惯的影响。总体来说，胜任力模型需包含两个最基本的元素：胜任力名称与行为指标。

有些企业的胜任力模型相对简单，只包含胜任力名称与行为指标两部分内容。这种模型虽耗费较低，但由于内容不够全面，在应用时可能会遇到较多问题。表1-1是某企业营销职位胜任力模型示例。

表1-1　某企业营销职位胜任力模型示例——分析判断

胜任力	行为指标
分析判断	（1）熟悉客户、竞争对手的情况，能够准确分析并预见其发展动态，预判可能出现的业务机会 （2）能够准确分析并预见业务计划实施过中的难点和可能出现的问题及造成的影响 （3）能够有效地分析、了解客户的决策过程、影响决策的因素及关键决策人 （4）能够准确地判断客户及客户相关决策人的关键需求
……	……

有些企业的胜任力模型所包含的信息相对更加丰富，包含胜任力、胜任力定义、胜任力的要素及其定义、分等级的行为指标、典型案例与点评等内容，以便指导相关职位建立基于胜任力的任职资格体系与培训体系。这种方式虽然成本较高，但有助于对模型的理解与应用。表1-2是某企业营销岗位的胜任力模型示例。

表1-2　某企业营销岗位胜任力模型示例——决断力

胜任力	决断力	
定义	能够预见产品的发展趋势，进行决策时能够考虑到产品的长期、可持续发展，敢于对行动方向和策略作出决定并承担相关责任	
要素	前瞻性	能够预见产品的发展趋势，决策时具有长期、可持续发展的眼光
	敢于拍板	敢于对行动方向或行动策略等作出决定并承担责任
行为指标	等级1：作出常规决定	● 能够基于相关知识、经验和信息作出常规工作决定 ● ……
	等级2：对复杂问题进行决策	● …… ● ……
	等级3：有预见性地进行决策	● ……

典型案例： 刚刚结束的营销经理会议上，营销总监向各部门经理透露一个想法，即将来可能会调整目前以积分来定员工奖金数目的方式，进而通过考核其关键绩效指标的完成情况来定奖金。具体的执行方式是先从某一工作室牵头试验，后期再推广至其他工作室。会后，几位经理脸上表情都不太轻松，尤其是老刘，他的团队营销人数众多，老员工又占大多数……

案例点评： ……老刘综合大家意见，对关键绩效指标进行了调整，同时采用循序渐进的方式，以降低风险，体现了老刘能够对有复杂关联的问题进行理性决策，避免顾此失彼，属于决断力的 Level2 等级

第二节　胜任力建模方法介绍

构建胜任力模型需要遵循一定的方法，常用的建模方法有两大类：自下而上的建模方法与自上而下的建模方法。其中，自下而上建模方法包括行为事件访谈编码法、标杆对照法等，自上而下的建模方法包括专家逻辑推导法、战略演绎法、问卷调查法等，现对最常用的行为事件访谈编码法与逻辑推导法进行介绍，具体内容如图1-3所示。

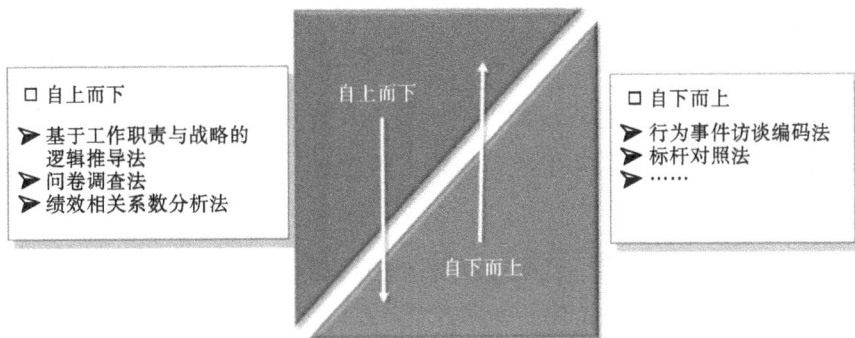

图1-3　自上而下与自下而上的建模方法

一、行为事件访谈编码法

行为事件访谈编码法是建立胜任力模型的经典方法，是指通过对绩优组与绩普组在工作中的关键行为事件进行编码与数理统计，获得两组之间具有显著性差异的胜任力。该方法逻辑严谨，所得信息充分，是建立胜任力模型的首选方法。该方法的实施步骤分为资料梳理与准备、行为事件信息收集、访谈资料编码与统计和模型验证四步，具体内容如图1-4所示。

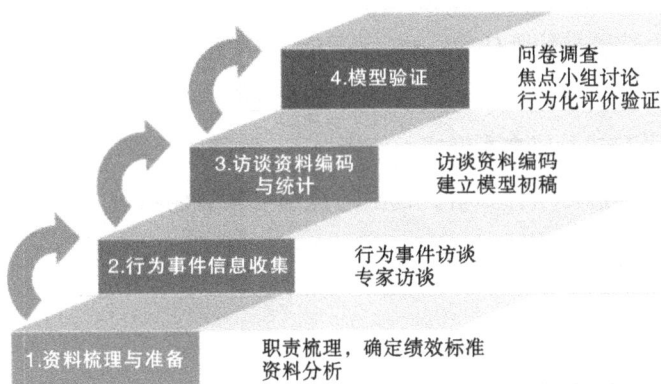

图1-4　行为事件访谈编码法流程

（一）资料梳理与准备

这一步要完成的主要工作内容如下。

（1）根据相关资料熟悉建模岗位工作职责、典型工作情景，梳理岗位工作特点。

（2）确定绩效标准，优先选择量化的近几年（一般2~3年）绩效考核得分或等级，其次可采用上级评价或主观判定结果。

（3）确定被访谈人员，每个建模岗位被访谈人数应不少于20人，绩优与绩普人员比例为3∶2，样本越少，绩优人员占访谈总人数的比例越高。

（4）设计访谈提纲，提前发放给被访者。

（二）行为事件信息收集

在这一步骤，通过行为事件访谈的方式收集2~3个成功事件与2~3个不成功事件。

（三）访谈资料编码与统计

在这一步骤，对访谈资料进行编码与统计，找出绩优组与绩普组人均出现频次有显著性差异的胜任力。这一步要完成的主要工作内容如下。

（1）基于已有的经典胜任力词典修订出编码词典。

（2）将访谈录音转录成文本形式，使用 Nvivo 软件进行编码。

（3）对编码结果进行统计分析，找出绩优组与绩普组存在显著性差异的胜任力。

（四）模型验证

最后，将编过码的行为语句梳理成有区分度的行为指标，形成模型初稿，并采用问卷调查、专家讨论与行为化验证等方式对初稿进行验证与修订。

二、逻辑推导法

相比于行为事件访谈编码法，逻辑推导法是一种耗费更低、更加省时省力的建模方法。该方法是指邀请目标岗位上的专家，基于工作任务清单或关键绩效指标等工作分析结果，通过头脑风暴的方式推导岗位所需胜任力。在访谈样本少、时间紧或预算低时可采用这种方法。该方法的实施步骤分为建立工作任务清单、胜任力推导、胜任力重要性评定和模型输出四步，具体内容如图 1-5 所示。

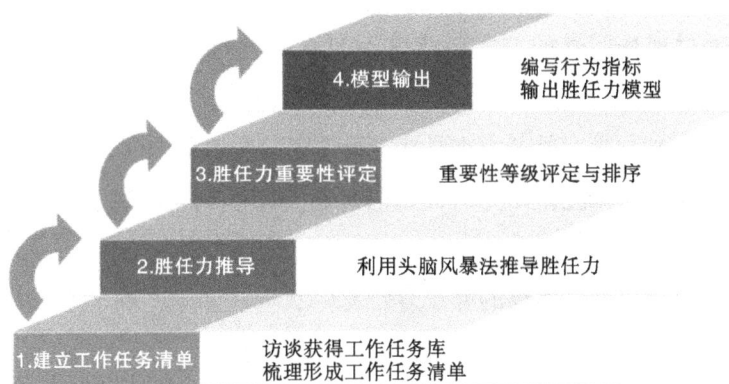

图 1-5　逻辑推导法流程

（一）建立工作任务清单

由于逻辑推导法是职位专家基于目标职位的工作任务来推导胜任力，因此在实施之前需要梳理出目标职位的工作任务清单，主要工作内容如下。

（1）通过访谈目标职位的在职人员或上级、梳理已有的岗位资料，获得目标岗位的工作任务库。

（2）采用问卷方式，对各项工作任务进行重要性评定，并根据其重要性与频率对任务库进行删减或补充，形成工作任务清单。

（二）胜任力推导

本阶段主要采用专家小组讨论的形式，对为完成工作任务清单中的工作任务所需要具备的胜任力进行推导，推导步骤如下。

（1）请专家针对任务清单中的每项任务，推导出为完成任务所需具备的胜任力，并阐述理由。

（2）从推导出的胜任力中提取频次较高的胜任力，汇总得到胜任力清单。

（三）胜任力重要性评定

本阶段通过现场问卷的方式对清单中的胜任力的重要性进行认定，并形成胜任力列表，具体步骤如下。

（1）请专家独立填写胜任力重要性等级评定问卷。

（2）请专家依次阐述做出等级评定的理由并组织讨论，直至专家意见趋于集中。

（3）汇总结果，形成最终的胜任力列表。

（四）模型输出

最后结合专家在逻辑推导讨论中的发言、解释与举例，为每项胜任力编写行为指标，完善胜任力模型。

第三节　构建基于胜任力的人力资源
管理体系的必然性

随着经济全球化趋势的日益加剧与科技的迅猛发展，人类社会逐步过渡到以知识为基础的知识经济时代。在这一阶段，人力资源已超过自然资源和物质资本，成为第一战略资源。因此，如何有效建立并发挥人力资源竞争优势，已成为现代企业管理者尤为关心的问题。在这一阶段，人力资源从业者如果要提高在组织中的发言权与地位，必须要切实承担起为组织显著增值的职责。然而，仅仅依靠传统的人事管理职能，远远无法达到该要求。

传统的人力资源管理是以工作分析和岗位描述为基础开展人才选拔、员工培训、后备人才管理等工作的。传统的岗位描述只明确了任职者应该做的活动，而没有明确描述：为了满足组织成功的需要，任职者的工作产出或者结果是什么。在今天的动态组织中，工作活动不会长期保持不变，因此岗位描述面临着"很快过时"的风险。其次，聚焦于工作活动，无法有效引导管理者关注绩效或结果，也无法有效引导组织投资于高生产力者或优异绩效者。

基于胜任力的人力资源管理，无论是在理念还是在方法上都有别于传统的人力资源管理。它首先关注的是人，然后才是人的产出或结果，是从人员导向的视角，而不是工作导向的视角看待所需要的产出、组织的工作角色和要求。两者的具体对比如表1-3所示。

表1-3　传统的人力资源管理与基于胜任力的人力资源管理的对比

	传统的人力资源管理	基于胜任力的人力资源管理
基础	其基础是工作分析和岗位说明书。工作分析是招募、甄选、定向、培训、奖励、评价和发展人员的基础；岗位说明书描述了具体的工作活动。但它不以可测量或用可观察的术语来陈述期望达到的工作结果	胜任力是个体用来获得优异绩效的特质。胜任力的识别、建模和测评，构成了基于胜任力的人力资源管理的基础。人力资源职能寻求揭示那些具有优异绩效的工作者的特质，并使人力资源活动扮演培养这些特质的角色

	传统的人力资源管理	基于胜任力的人力资源管理
应用该模式的首要原因	该模式广为人知，并可调整以获得认同。它以组织结构图来划分员工等级，因而可以为不同的人分配可以辨识的任务，使其各司其职	该模式可以提升生产力，能够最大程度地发挥人员的才干，以获得竞争优势。它承认个体在达成结果时的能力差异。现实中的优秀绩效者较其他人的生产力显著要高，如果组织能够找到或者培养这些优异绩效者，在同样人员规模情况下，生产力会更高
主要挑战	• 在工作内容变化迅速的情况下，岗位说明书很快会过时 • 不能很好地发挥人才的最大优势	• 对于胜任力概念的理解尚未一致 • 识别优异绩效者特征的过程耗时费力
人力资源职能角色	• 确保各类人事活动遵从法规、组织政策和程序	• 识别、选拔和培养更多能够达到优异绩效者水平的人才，从而引领组织获得突破性的竞争优势
人力资源规划	• 关注总人数和人事费用 • 假定未来和过去一样不会发生变化，只要总工作量一样，那么所需人数也一样 • 倾向于使用量化方法来进行人力规划	• 关注人才和人才给组织带来的价值 • 关注未来可能会发生的变化 • 倾向于使用定性的方法来进行规划
员工招募和甄选	• 寻找和岗位说明书中界定的资格相匹配的候选人 • 重视教育程度、经验和其他资格	• 基于可证明的能力或结果依据来作出甄选决策 • 关注候选人的能力和胜任力模型的匹配度

（续表）

	传统的人力资源管理	基于胜任力的人力资源管理
员工培训	● 关注员工对于知识、技能的掌握	● 基于胜任力特点设计课程内容与培训方式，关注员工胜任力的习得
绩效管理	● 关注任务指标的达成，侧重于任务评价、结果评价与短期评价	● 关注能力结果的达成，侧重于能力评价、过程评价与长期评价

　　如上表所述，基于胜任力的人力资源管理将传统人类资源管理中对于工作活动的关注转向对于个体胜任力的关注，这种方法能够帮助组织识别、选拔、培养优秀绩效者，从而使组织更好地应对甚至是预测变化。这一功能对于身处迅速变化环境中的组织尤为重要，因此，基于胜任力的人力资源管理已成为未来企业的必选项。

第二章　基于胜任力模型的人力资源规划

在当今快速、多变的竞争环境中，越来越多的管理者意识到组织的发展高度依赖于一流的人才，只有迅速发现并恰当使用这些人才，组织才能的存活。人力资源规划是人力资源管理职能中的重要模块，也是使人力资源与组织战略目标保持一致的基础工作。在传统的人力资源规划活动中，关注人员数量的预测多于关注人员质量、结构的预测，但在目前的竞争环境中，劳动者的质量远比数量更重要，单纯管理人数的人力资源规划已经无法满足组织的需求。因此，人力资源工作者需要一种新型的人力资源规划方式，能够同时实现对人员数量、质量和结构的规划。

基于胜任力的人力资源规划方式，能够较好地满足组织对于人才的需求和发展要求。在这种规划方式中，关注点不仅仅是组织为实现经营目标所需要的人力资源的数量，更是人力资源的质量与结构。具体来说，基于胜任力的人力资源规划有以下几个方面的优势。

1. 提升人力资源规划的准确性与有效性

在传统的人力资源规划中，人力资源工作者往往采用知识、技能等冰山浮出水面的那部分特征作为人员质量的衡量指标，这些特征虽然容易观察和衡量，能够简化人力资源规划工作，但却无法准确预测个体的未来绩效，以此为基础进行的人力资源规划，其准确性和有效性较低，只能作为一般性的工作总结。在基于胜任力的人力资源工作中，规划工作者在关注为实现组织战略目标所需的人力资源数量的同时，会将精力更多地放在分析各层各类人才的胜任力是什么。对于胜任力的关注，保证了在职位出现空缺时，供需平衡过程不再是为维持员工数量而进行的简单"填空"，而是以胜任力为载体，将组织业务发展和整体目标对人员的需求落实到人力资源管理的具体工作中，切实地把人力资源工作目标与组织整体目标相结合，在人力资源活动中反映组织诉求，使组织战略能够在人力资源管理上落地。

2. 为其他人力资源职能活动提供基础

在人力资源规划阶段所产出的成果，能够应用于后续的其他人力资源职能活动，如针对关键岗位开发的胜任力模型，是后期基于胜任力的招聘、绩效管理的重要参照标准；人才盘点得到的现有人员信息清单可作为培训需求分析、员工职业发展设计的重要信息来源。

制定基于胜任力的人力资源规划体系具有重要意义。那么如何构建基于胜任力的人力资源规划体系呢？本章将从技术方法、应用实例和工具箱三个方面提供相关经验。

技术方法部分：详细说明如何进行基于胜任力的人力资源规划，对基于胜任力进行人力资源规划的技术方法、实施步骤和注意事项进行剖析。

应用实例部分：本部分将通过某企业的具体操作实例，进一步展示基于胜任力的人力资源规划的详细流程。

工具箱部分：这一部分将汇集基于胜任力进行人力资源规划时所常用的经典工具和模板，方便读者随时查阅、使用。

第一节　技术方法

在具体工作中，构建基于胜任力的人力资源规划体系主要包括以下事项：

明确组织的愿景与发展战略；

根据战略规划分析组织的关键成功因素；

根据关键成功因素分析所需要的不同层级、不同种类的关键岗位与核心人力资源；

明确各类核心人力资源的数量、结构与质量；

通过人才盘点，对人力资源规划所涉及的对象进行盘点，掌握组织现有人力资源状况；

对人力资源的内部供给情况进行分析；

分析缺口，制定平衡供需所需的手段与策略，并组织实施。

以上事项可以纳入如图2-1所示的五个步骤中，即核心人力资源确定、人力资源需求分析、人力资源现状盘点、人力资源内部供应分析、供需平衡手段规划与实施。

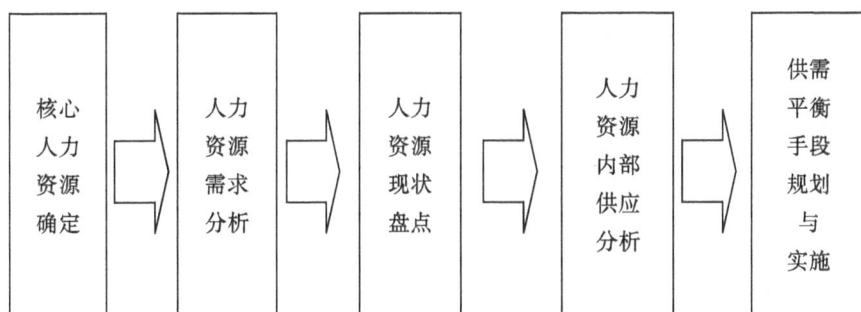

图2-1 构建基于胜任力的人力资源规划体系的步骤

一、核心人力资源确定

在这一阶段，主要目的是通过解析组织的愿景和发展战略，明晰组织未来的业务重点、发展方向与关键成功因素，及其可能会对人力资源战略提出的要求，进而明确组织成功所需的核心人力资源。具体可参照以下步骤进行。

（一）解析组织的愿景和发展战略

要进行基于胜任力的人力资源规划，首先要明确组织的愿景和发展战略，否则人力资源规划工作就没有了依据和方向。其次，要在明晰组织愿景与战略的基础上，将其分解为多个具体目标。例如，某玻璃集团企业的总体战略目标是"3~5年内成为具有强大竞争实力、备受社会尊重的国内一流企业"，该战略目标可分解为"业务发展目标"、"资本运营目标"与"管理规划目标"三类，其中业务发展目标可进一步细分为

"到20××年，销售收入超过200亿元"、"原片玻璃的国内市场份额提高到7%"、"节约资源，保护环境，每万重箱玻璃的耗煤量低于××吨，耗电量低于××千瓦时"等多项具体目标。

（二）明确关键成功因素

在明晰各项具体目标后，针对各目标，整合组织各个方面的发展现状与内外部信息，分析为达成该目标，组织必须在哪些关键方面表现突出。例如，上述集团公司在玻璃主业面临着近年来国家环境治理以及行业产能过剩的挑战，因此针对"到20××年，销售收入超过200亿元"这一具体目标，其关键成功因素是"创造性营销"与"持续的技术改造与产品创新"。

（三）定义关键岗位

企业应在明确关键成功因素基础上确定关键岗位。确定关键岗位时需要遵循以下三种原则。

一是核心价值链原则。关键岗位往往处于企业核心价值链上，能够为企业持续创造价值，不断推进企业成长。需要说明的是，企业的核心价值链需要通过对核心业务流程的分析确定，处于不同行业的企业，其核心价值链的数量及构成均不同。例如，对于投资银行而言，位于核心价值链的岗位是那些能够通过资金运作和项目运营为企业创造利润的岗位，如投资分析岗；对于软件开发公司而言，从事技术开发类工作的岗位处于企业的核心价值链，如系统架构岗和程序开发岗。

二是影响战略原则。关键岗位往往掌握企业的核心竞争力，或者能够影响企业关键成功因素的获取，对企业发展具有重要的战略意义，并能产生重大影响，一旦该岗位人才大量流失，将直接导致企业的发展速度放缓，且难以在短时间内找到合适的替代人员。例如，对于某些以引擎技术为核心能力的汽车制造企业，引擎的研发与制造岗位属于关键岗位；某些以管理、跟踪包裹为核心能力的快递公司，网络管理岗位、运输规划岗位属于关键岗位。

三是稀缺性原则。在确定关键岗位时，还需结合企业外部环境的供给情况。虽然某些岗位对组织的贡献较少，但又不可或缺，同时外部供应有限，那么此类岗位也属于关键岗位。例如，在前文提到的玻璃企业中，虽然电仪部处于辅助价值链上，同时与组织的"创造性营销"、"持续的技术改造与产品创新"等关键成功因素并无直接关系，但如果在当地此类岗位的外部供应紧张，则电仪部岗位也要定义为关键岗位。

二、人力资源需求分析

在明确关键岗位与核心人才后，企业应通过定性与定量相结合的方式，明确为实现组织战略目标所需人力资源的数量、结构与质量。分析时，可综合考虑时间、人力等方面的因素，确定人力资源规划的对象是组织内的所有岗位，还是关键岗位。关于人力资源的数量、结构与质量的预测可参考以下步骤进行。

（一）人员数量需求预测

人员数量需求预测的方法有多种，如工作量测查法、人员趋势预测法、回归方程法、标杆对比法、德尔菲法、比例法等，预测的对象可以是组织的员工总数，也可以是某些关键岗位。使用不同的预测方法，得到的预测结果也不同，在实际操作中，可综合运用多种方法对结果进行相互印证，以保证预测结果的有效性。若不同方法的结果差距较大，可使用其加权平均值，并给予一定的弹性区间，作为最终的人员数量区间。常用的预测方法有以下两种。

1. 人员趋势预测法

人员趋势预测法是指收集以往每年的员工数量信息，分析其增减变动幅度与趋势，从而预测未来某一时间所需员工总数的一种方法。使用这种方法进行人员数量预测，相对简单直观，但要假设企业内外部环境及生产力要素都保持不变或变化的幅度保持一致，具有较大的局限性，适用于发展较为平稳的企业。对于初创期和快速发展期的企业，该方法可能会产生较大的误差。在实际操作中，利用 Excel 即可实现。

已知某公司 2008—2013 年人数如表 2-1 所示，预测 2014 年的大体人数。

表 2-1　某公司 2008—2013 年人数

年份	2008 年	2009 年	2010 年	2011 年	2012 年	2013 年
人数	30	36	43	52	60	70

第一步，将已有历史数据复制到 Excel 文件中，使用插入图表功能，将数据转换成柱形图或折线图形式。

第二步，在已有的柱形图或折线图上添加趋势线，获得趋势公式。

第三步，将自变量"7"带入到该公式中（在本例中，2014 年相对于历史数据为第 7 年），得到 2014 年的人员数量预测结果为 81 人。

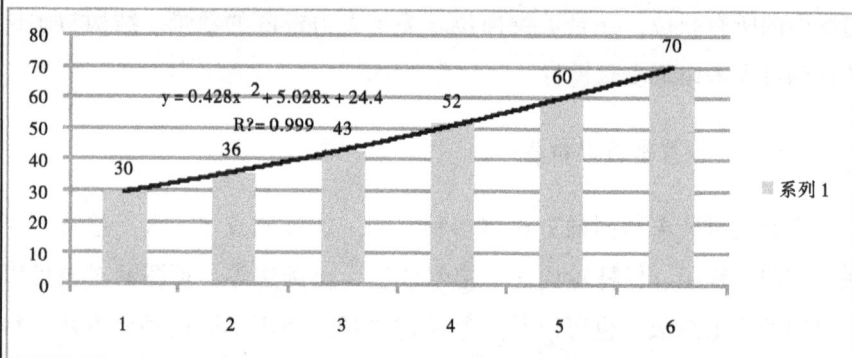

图 2-2　2009—2013 年人数柱形图、趋势线与趋势公式

2. 业务数据回归方程法

业务数据回归方程法是指结合以往的历史数据得到与某些关键业务数据（如产量、销售收入、项目数、利润）关系密切的岗位的关键业务指标与员工数量之间的回归关系函数，将未来某一时间该业务指标的目标值带入到函数中，求出所需员工数量的方法。这一方法可结合标杆对比法一起使用。

已知某公司2011年1季度至2013年3季度销售部人员人数与完成的销售收入（万元）情况如表2-2所示，根据经营计划，2013年第4季度销售收入目标为3 500万元，预测所需销售人员数量。

表2-2　某公司2011年1季度至2013年3季度销售员数量与销售收入

年份	2011 年				2012 年				2013 年		
季度	1 季度	2 季度	3 季度	4 季度	1 季度	2 季度	3 季度	4 季度	1 季度	2 季度	3 季度
人数	50	49	51	52	55	58	60	59	62	61	64
销售收入（万元）	1 200	1 200	1 400	1 550	1 720	1 920	2 140	2 120	2 460	2 650	3 000

第一步，将已有历史数据中的"人数"与"销售收入"两类数据整理到Excel中，使用插入图表功能，将历史数据转换成散点图形式。

第二步，在已有的散点图上添加趋势线，获得销售收入对人数的回归方程。

第三步，将因变量"3 500"带入到该公式中（在本例中，2013年4季度销售收入目标为3 500万元，相当于公式中的y为3 500），求得2013年第4季度的人员数量需求为68人。

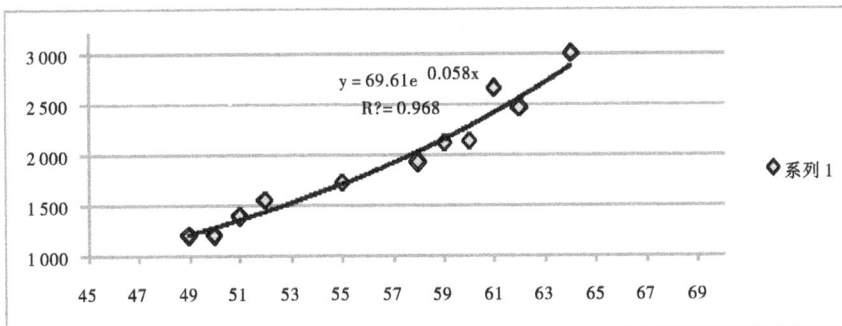

图2-3　销售员数量与销售收入散点图、趋势线与回归方程

第四步，收集行业内标杆企业的销售数据（如标杆企业季报、咨询公司行业报告等），得到其第三季度人均销售额为55万/人，若第四季度人均销售额要达到这一目标，则所需人数为3 500/55≈64人。

结合第三步和第四步的结果，得到第四季度所需销售人员为64~68人。

（二）人员结构需求预测

人员结构需求预测是指对组织中不同类别、不同层级的人员结构比例进行规划，使其最大限度地满足业务发展要求的行为，一般分为以下三个步骤进行。

1. 研究价值链，对职位进行分层分类

首先对岗位进行梳理，根据岗位的工作性质与在价值链中所处的位置，将组织内的所有岗位分为不同的类别或职族。由于各个组织所处的行业不同，所以根据价值链分析，不同组织的职位分类结果也许会各不相同。例如，A组织属于金融行业，其价值链主要由产品开发、客户营销、客服中心、现金运营与核算、风险管理、稽核、信息科技、职能管理、后勤服务等关键环节组成，因此其职位可分为产品开发、营销服务、现金运营与管理、风险监管和后台保障五个职族；B组织属于互联网产品行业，其价值链主要由产品策划、程序实现、美术编辑、漏洞测试、市场营销、用户体验、客户服务、职能管理等关键环节组成，因此其职位可分为产品开发、营销服务和职能管理三个职族；C组织属于房地产行业，其价值链主要由土地获取、项目策划设计、招标采购、工程施工、营销、售后服务和职能管理等关键环节组成，因此其职位可以分成项目开发、项目工程、营销服务和职能管理类四个职族。

在职位分类确定后，企业还需对同一职位类别内的员工进行分层。不同层级的员工的工作关注点也有所不同。一般情况下，高层管理者的工作重点在于规划、决策与审批，中层管理者的工作重点在于日常管理，基层员工的工作重点在于具体的操作执行，因此可分为决策类、日常管理类和操作执行类三层员工。

2. 现有人员结构诊断

企业可以参照以下两种方式对组织现有的人员结构状况进行诊断。

一是通过定性的方式进行诊断，即诊断现有的人员结构是否能够满足企业业务发展的要求，如果不能，主要问题在哪里？该方法的信息主要来源于组织的高层，他们对于下属人员是否满足企业业务发展要求的感受最深刻，因此可通过访谈的方式获取其对于目前人员结构的认识和意见。

二是通过定量统计和标杆对比的方式进行诊断，即诊断现有人员结构与业务发展方向和要求是否匹配？现有人员结构与行业优秀标杆组织之间的差距，以此明确未来改进的方向。例如，与标杆组织对比，是否存在职能管理人员占比过高、业务人员短缺的问题？

3. 对未来人员结构给出优化建议

在诊断并分析现有人员结构存在的问题后，企业应对比企业现状和标杆组织之间的差距，同时考虑企业人工成本的情况，对未来企业人员结构提出优化建议。例如，适当减少或增加某类别或层级人员的数量。

（三）人员质量需求预测

人员质量需求预测是基于胜任力模型的人力资源规划的关键环节之一。在某些组织中，特别是那些拥有大量专业技术人员的知识型企业中，人员质量远远比人员数量更重要。人员质量包括多个方面的内容，如基本要求（学历、专业、本岗位工作经验等方面的要求）、知识技能要求（具备何种理论知识和操作技能）、绩效要求（人员若是由内部晋升，在之前岗位上的绩效水平应达到何种要求）、胜任力要求（所具备的胜任能力的种类与水平）等。在具体操作中，人员质量需求预测通过建立任职资格管理体系来实现。关于任职资格体系的详细内容可参考本书第六章——基于胜任力模型的职业生涯规划。

在质量需求预测的具体实践中，基本条件、技能和绩效方面的要求一般是以职位说明书的形式呈现。在确定胜任力要求的具体操作中，可参考以下流程。

1. 建立组织的胜任力模型体系

根据职位分层分类结果，建立与之相对应的胜任力模型体系。关于胜任力建模的具体方法，可参考本书的第一章。需要注意的是，在建模时应进行系统性的思考和规划，具体体现在以下两个方面。

第一是要以终为始，即以将来最终的应用需求来规划目前建模的过程。企业在建模时要对胜任力模型未来的应用事先有比较清晰的定位，考虑好未来模型的大体雏形，然后再进行有针对性的模型建立。表2-3是某企业的胜任力模型。其特别重视胜任力模型在招聘与培训发展中的应用，因此其最终建立的模型中不仅有分等级的典型行为指标，还设计了相应的面试题目与能力提升建议，这就保证了模型建好后能够切实地起到作用。

表2-3　某企业胜任力模型——团队建设

胜任力	团队建设	
定义	善于指导、培养下属，进行人才储备，使团队人才数量和能力始终能够跟上产品未来发展的需要	
行为指标	等级1：分享指导，建立良好的上下级关系	● 主动与下属分享自己的工作经验 ● 针对下属的工作成果，积极提供反馈与改进建议 ● 能够在工作中起到带头作用，以身作则
行为指标	等级2：进行有针对性的反馈和培养，建立高效团队	● 关注下属的潜质与可塑性，注重分类培养 ● …… ● ……
	等级3：……	● …… ● …… ● ……
面试题目	(1) 请讲述一次你在工作中主动与下属分享经验心得，并取得了较好效果的一件事 (2) ……	

（续表）

胜任力	团队建设
提升 建议	**自省式发问：** （1）我是否向下属主动分享过自己的经验心得，并取得了较好的效果 （2）…… **书籍推荐：** 《……》 《……》 **实践中提升：** （1）创造机会，试着去管理和指导一个为达到共同目的而临时组建的团队，即使团队成员大多缺乏经验 （2）……

　　第二是在建模时要始终用联系的思想来看待整个建模过程，即要在统一的坐标系里，建立语言风格一致、编码规则统一、有梯队层次、有岗位特性的不同序列不同层级的模型体系。这种模型体系能够兼顾梯队的纵向结构差异与序列的横向结构差异，对组织各岗位的胜任力要求都有系统而清晰的定位，为人力资源工作者进一步将模型用于具体实践提供了坚实的基础。表2-4是某互联网企业在一年时间里建立的多个关键序列不同层级的模型体系示例。

表2-4 某互联网企业胜任力模型体系

胜任力	程序序列						营销序列					
	管理梯队			技术梯队			管理梯队			技术梯队		
	初级	中级	高级	初级	中级	高级	初级	中级	高级	初级	中级	高级
团队建设能力												
快速学习能力												
客户理解能力												
……												

2. 确定胜任力重要性与等级要求矩阵

通过明确各岗位所需胜任力的重要性及等级要求,可以形成每个岗位的"胜任力重要性——等级要求矩阵"。该矩阵一方面可为下一步人才盘点阶段提供有效的盘点工具;另一方面,可将岗位所需胜任力的具体要求进一步精细化,为员工的发展提供参考标准。某岗位的"胜任力重要性——等级要求矩阵"如表2-5所示。

表2-5 某岗位的"胜任力重要性——等级要求矩阵"

胜任力种类	各胜任力重要性			各胜任力等级要求				合计
	低	中	高	等级1	等级2	等级3	等级4	
综合分析能力			√		√			6
创新能力能力	√				√			2
团队建设能力		√			√			4
……								

胜任力的重要性是指该项胜任力对于某岗位取得优异绩效的影响程度。同一种胜任力对于不同岗位的重要性是有差异的。例如，某组织的产品研发部门人员与生产人员的胜任力模型中都有"创新能力"这一项，具体来说，在研发岗位上能否取得成功很大程度上取决于是否有创新产品的产出，而对于生产部门岗位，创新能力的重要性要相对低一些，也就是说，创新能力对于研发岗位的重要性要高于生产岗位。在具体操作中，企业可以采用问卷的形式收集熟悉该岗位工作的人员（如上级、优秀员工、客户、外部专家等）有关各胜任力重要性的意见；也可以计算岗位任职者绩效水平与各个胜任力评价结果的相关性，以此确定胜任力重要性等级。与绩效水平相关度越高的胜任力，其对岗位的重要性越高。在条件允许的情况下，最好能够综合以上两种方式得出结论，这样得到的胜任力重要性判定结果会更加可靠。胜任力重要性数据的处理方法如表2-6所示。

表2-6　"胜任力重要性"数据处理方法

胜任力	岗位专家主观判断结果 3-非常重要；2-比较重要；1-一般重要				与绩效相关系数	重要性最终判定
	优秀员工张涛	上级人员王泽勤	外部专家李江	均值		
综合分析能力	3	3	3	3	0.797**	3
创新能力	1	2	1	1.3	0.431*	1
团队建设能力	2	2	2	2	0.609*	2
……	……	……	……	……	……	……

注：*表示相关系数在0.01水平上显著，**表示相关系数在0.005水平上显著，统计学上这两种显著水平都被认为是显著的，其中后者高于前者。

如表2-6所示，针对某岗位，对于"综合分析能力"胜任力的重要性，所有岗位专家都认为是"非常重要"，并且其与绩效的相关系数也很高，综合这两种结果，最终确定其重要性为"非常重要"；对于"创新能力"，所有专家评定的重要性均值介于"一般重要"与"比较重要"之间，其与绩效的相关系数虽显著，但远远低于"综合分析能力"，因此最终确定其重要性为"一般重要"。

胜任力的等级要求是指某岗位的各项胜任力应达到何种水平。对于不同种类的岗位，所需胜任力的等级要求是不同的，例如对于销售部门和人力资源部门，"外部客户理解"能力的等级要求是不同的；对于同一类岗位的不同职级，某项胜任力的等级要求也有可能不同，例如对于销售部门总监或高级别的销售经理，其"外部客户理解"能力的等级要求要高于普通的销售人员。在具体操作中，为了确定岗位各项胜任力的等级要求，要求目标岗位的直接上级对照胜任力模型，对该岗位当前任职者进行胜任力等级评定，然后根据企业实际需求，采用所有任职者或者是优秀任职者的该胜任力等级的均值作为胜任力等级要求。胜任力等级要求数据的处理方法如表2-7所示。

表2-7 "胜任力等级要求"数据处理方法（优秀任职者平均法）

胜任力	被评人数	等级1	等级2	等级3	等级4	众数	平均数	等级要求
沟通表达		0	12	6	2	2	2.50	2
责任心	20	0	18	2	0	2	2.10	2
决断力		0	8	12	0	3	2.60	3
……		…	…	…	…	…	…	…

如表2-7所示，某岗位上共有二十位优秀员工被评价，其中"沟通表达"胜任力，有十二人被评为"等级2"，六人被评为"等级3"，两人被评为"等级4"，此样本在该项能力上的众数为2，平均数为2.5，建议使用众数作为该岗位对"沟通表达胜任力"的等级要求。

在人力资源数量与质量需求预测结束后，需将预测结果填写到"人力资源规划预测表"的相应部分。"人力资源规划预测表"如表2-8所示。

表2-8 ____年人力资源规划预测表

部门	岗位	所需胜任力	重要性	等级要求	所需人数	人员配置现状			未来流失预测			内部供应预测		净需求
						符合要求	不符合要求	合计	离职	晋升	合计	晋升	合计	
销售部	销售专员	综合分析	2	1	60									
		创新能力	3	1										
		……	…	…										
销售部	销售经理	……	…	…	10									
		……	…	…										

注：重要性中1代表一般重要，2代表比较重要，3代表非常重要；等级要求中1代表最低等级要求，数字越大代表要求越高。

三、人力资源现状盘点

在这一阶段中，企业应对组织内现有人力资源的情况进行静态、动态相结合的盘点，以掌握组织的人力资源现状。在以往的人力资源盘点工作中，往往将重点放在年龄、性别、学历、工作经验与知识技能等方面，内容较为单一，缺乏实用性与有效性。基于胜任力的人力资源规划需在此基础上加强人员流动情况、职业发展意愿、胜任力方面的详细盘点，以为下一阶段的内部供应分析及人力资源缺口满足提供数据基础。人力资源现状盘点的具体方法与流程可参见本书第七章"基于胜任力模型的组织人才盘点"。

人力资源盘点阶段的重要产出之一是目标岗位上每位员工的"人力资源管理信息清单"，清单中的重点部分包括目前岗位所需胜任力及其等级要求、员工胜任力水平、员工胜任力水平与目前岗位的匹配度、与晋升岗位的匹配度及职业发展意愿。"人力资源管理信息清单"既是盘点阶段的产出，又是内部供应分析与净需求满足的输入，在内部供应分析时所需的岗位现有人员人数、人员流动历史信息，以及净需求满足时特殊情况的处理工作，都依赖于该阶段的盘点结果。"人力资源管理信息清单"如表2-9所示。

表2-9 ____年人力资源管理信息清单

姓名		性别		出生日期		学历	
所在部门		目前岗位、职级、年限			之前岗位、职级、年限		
教育背景	种类	毕业日期		毕业院校		所学专业	
工作经历	所在单位		起止日期		职务	往年绩效水平	
培训经历	培训内容		培训时长			培训效果	

（续表）

知识技能	知识、技能种类	证书及其他能够证明知识技能水平的资料					
胜任力水平与目前岗位（岗位名）的匹配度	目前岗位所需胜任力	重要性	要求等级	要求得分	目前等级	目前得分	匹配度
	逻辑思维能力	3	4	12	3	9	75%
	团队建设能力	…	…	…	…	…	…
	…	…	…	…	…	…	…
	合计			75		73	97%
胜任力水平与晋升岗位（岗位名）的匹配度	胜任力名称	重要性	要求等级	要求得分	目前等级	目前得分	匹配度
	逻辑思维能力	3	4	12	3	9	75%
	团队建设能力	…	…	…	…	…	…
	…	…	…	…	…	…	…
	合计			100		73	73%
职业发展意愿	是否接受其他岗位		是否接受其他部门		是否接受其他分支机构与国外派遣		
	最愿意承担哪些岗位						

　　人力资源现状盘点工作结束后，企业应根据盘点结果填写"人力资源规划预测表"的相应部分。"人力资源规划预测表"如表2-10所示。

表2-10 ____年人力资源规划预测表

部门	岗位	所需胜任力	重要性	等级要求	所需人数	人员配置现状			未来流失预测			内部供应预测		净需求
						符合要求	不符合要求	合计	离职	晋升	合计	晋升	合计	
销售部	销售专员	综合分析能力	非常重要	1	60	42	8	50						
		创新能力	一般重要	1										
		……	……	…										
销售部	销售经理	……	……	…	10	5	2	7						
		……	……	…										

注："符合要求"是指"人力资源管理信息清单"中与该岗位的匹配度超过90%的员工个数。

四、人力资源内部供应分析

通过以上分析得出人力资源需求后，企业内部现有资源与外部环境对该需求的满足情况如何是人力资源内部供应分析阶段要解决的问题。本书主要介绍如何进行内部供应预测。

与通过外部招聘、猎头等外部方式来获得人才相比，以组织内部人才挖掘与培养为代表的内部供应正逐渐成为人力资源供应的重要途径。众多国际知名企业，如宝洁、百事、IBM、西门子等在为其他企业"培养出"大量 CEO 的同时，并没有过多受到各层级人才流失的影响，这得益于其内部成熟的人才培养机制，该机制能够为组织提供稳定可靠的人力资源供给。

在本阶段，需要依赖人力资源现状盘点阶段得到的有关人员流动方面的信息，包括岗位现有人员数量、人员在组织内部岗位间的流动情况，以及由于辞职、退休等各种原因导致的流失等。掌握人员流动的历史信息后，可以使用马尔科夫转移矩阵方法来预测人力资源的内部流动趋势。

马尔科夫转移矩阵的假设原理是：组织内部的员工流动模式与流动概率有一定规律，且该规律在未来大致稳定。也就是说，在一定的时间段内，从某一状态（岗位）转移到另一状态（岗位）的人数比例与以前的比例近似，这个比例称为转移概率。各个岗位的转移概率组成的矩阵称为转移概率矩阵。转移概率矩阵中各个位置的转移概率的计算是关键点，一般通过统计历史数据平均值，即用以往员工岗位间流动的平均值作为转移概率。转移矩阵确定后，就可以据此预测各类岗位上未来的人员数目。这一模型可用以下公式描述：

$$n_i(t) = \sum_{j=1}^{k} n_j(t-1) \times P_j + r_i(t)。$$

其中，$n_i(t)$ 为在时刻 t 时，i 类岗位上的人数；P_{ji} 为人员从 j 类岗位向 i 类岗位转移的转移率；$r_i(t)$ 为在时间 $(t-1, t)$ 内 i 类岗位从外部所补充的人数。各类岗位之间的人员转移矩阵为：

$$P = \begin{bmatrix} P_{11} & P_{12} & \cdots\cdots & P_{1k} \\ P_{21} & P_{22} & \cdots\cdots & P_{2k} \\ \cdots\cdots & \cdots\cdots & \cdots\cdots & \cdots\cdots \\ P_{k1} & P_{k2} & \cdots\cdots & P_{kk} \end{bmatrix}$$

得知某组织2010-2012年技术研发部门内员工的变化数据如表2-11、表2-12和表2-13所示。

表2-11　某组织的技术研发部门内部2010年人员变化

年初人数		高级工程师	中级工程师	工程师	助理工程师	离职
38	高级工程师	30	——	——	——	8
70	中级工程师	8	50	——	——	12
118	工程师	——	6	90	4	18
152	助理工程师	——	——	24	82	46
年底合计		38	56	114	86	84

表2-12　某组织的技术研发部门内部2011年人员变化

年初人数		高级工程师	中级工程师	工程师	助理工程师	离职
40	高级工程师	34	——	——	——	6
81	中级工程师	6	58	——	——	18
126	工程师	——	10	94	8	14
172	助理工程师	——	——	28	88	56
年底合计		40	68	122	96	94

表2-13　某组织的技术研发部门内部2012年人员变化

年初人数		高级工程师	中级工程师	工程师	助理工程师	离职
40	高级工程师	32	——	——	——	8
78	中级工程师	8	52	——	——	18
112	工程师	——	6	88	6	12
160	助理工程师	——	——	26	88	46
年底合计		40	58	114	94	84

通过对以上人员流动的历史数据进行计算，我们可以发现：该部门员工在各岗位间流动的概率较为平稳。例如，高级工程师中，平均每年大约有80%留在该部门，离职20%；中级工程师中，平均每年有65%留在原职位，10%晋升为高级工程师，离职25%；工程师中，平均每年有80%留在原职位，5%晋升为中级工程师，5%降为助理工程师，离职10%；助理工程师中，平均每年有55%留在原职位，15%晋升为工程师，离职30%。根据以上信息算出的转移矩阵如表2-14所示。

表2-14　某组织的技术研发部门内部人员变化转移矩阵（2010 –2012年）

	高级工程师	中级工程师	工程师	助理工程师	离职
高级工程师	0.8	——	——	——	0.2
中级工程师	0.1	0.65	——	——	0.25
工程师	——	0.05	0.8	0.05	0.1
助理工程师	——	——	0.15	0.55	0.3

现已知2013年年初，高级工程师40人，中级工程师76人，工程师116人，助理工程师168人，将数目代入矩阵中，可预测出本年内人员大体的流动情况，具体如表2-15所示。

表2-15　某组织的技术研发部门内部人员变化转移矩阵（2013年）

年初人数		高级工程师	中级工程师	工程师	助理工程师	离职
40	高级工程师	32	——	——	——	8
76	中级工程师	7.6	49.4	——		19
116	工程师	——	5.8	92.8	5.8	11.6
168	助理工程师	——	——	25.2	92.4	50.4
年底总计		40	55	118	98	89

从表2-15中可得，预计技术研发部门年底高级工程师的人数将没有变化（40人），工程师的数量也变化不大（多了2人），但是中级工程师将减少21人，助理工程师将减少70人，总的离职人数为89人。企业首先应将上述内部供应预测的结果填入到"需求预测表"中的相应部分。然后，通过对比需求预测数、人员配置现状、未来流失预测数、组织内部供给预测数，算出各岗位的净需求数，填入到"____年人力资源规划预测表"中（见表2-16）。

表2-16 ____年人力资源规划预测表

部门	岗位	所需胜任力	重要性	等级要求	所需人数	人员配置现状			未来流失预测			内部供应预测		净需求
						符合要求	不符合要求	合计	离职	晋升	合计	晋升	合计	
销售部	销售专员	综合分析能力	非常重要	1	60	42	8	50	9	2	11	0	0	60 - (50 - 9 - 2) = 21
		创新能力	一般重要	1										
		……	……	…										
销售部	销售经理	……	……	…	10	5	2	7	2	0	2	2	2	10 - (7 - 2 + 2) = 3
		……	……	…										

五、供需平衡手段规划与实施

在确定了各岗位的净需求后，接下来需要规划和实施相应措施，以满足净需求。对于大多数组织来说，在规划时得出的净需求大多为正数，即目前岗位人员的供给小于需求，人力资源供给不足。面对这种情况，外部招聘和内部选拔是较常采用的解决方式，除此以外，对组织内部现有不符合岗位要求的员工进行培训、为员工建立职业生涯规划也是满足岗位净需求的重要手段。无论是外部招聘、内部选拔，还是员工培训、职业生涯规划，完备的岗位胜任力模型体系都是开展这些工作的重要基础。胜任力模型明确了组织对人才的要求和标准，只有围绕着胜任力模型开展供需平衡的实践活动才算是有据可依、有的放矢。"基于胜任力模型的人才招聘与甄选体系"、"基于胜任力模型的培训体系设计"与"基于胜任力模型的职业生涯规划"的相关内容请参照本书的其他章节。

第二节　应用实例

一、背景信息

A 集团的前身是国内某知名民营企业，该企业位于某乡镇，以原片玻璃生产起家，在短短十年间发展成为华北地区最大的玻璃生产企业，其拥有 10 条浮法玻璃生产线，年产优质浮法玻璃 6000 万重箱，年营业收入 30 亿元，企业规模位居行业前五名。近年来，随着国内原片玻璃行业竞争的日益激烈以及国家对该类资源消耗型与环境污染型企业监管力度的加大，该企业虽平均每年有两条新线投产，但净利润增长缓慢。为改变目前状况，A 集团决定将自身产业链延伸至节能环保的玻璃深加工领域中。2012 年，A 集团投资 1.5 亿元，在北京成立××新材料股份有限公司（以下简称"a公司"），主要生产Low-E玻璃、钢化玻璃、中空玻璃等技术含量高、附加值高的低碳节能深加工玻璃产品。

二、现状分析

由于a公司对A集团的未来发展有着重要的战略意义，A集团对其人员任用格外重视，任命集团人力资源管理中心的副总监担任a公司的人力资源负责人，全权负责该公司的人力资源体系建设工作。

人力资源负责人到任后，首先向A集团提交了人员调动申请，将集团技术研发中心的部分高级经理以及部分原片玻璃生产线的骨干员工调来，又从外部招来大量员工与部分职能部门负责人，组成a公司的人员队伍，边摸索边开始了投产运行。然而在运行过程中，公司出现了以下问题。

（一）老员工无法胜任新的岗位

虽然同属玻璃行业，但原片玻璃生产与玻璃深加工所用的工艺差别很大，对于技术的要求也不同，因此很多工作需要调来的员工重新学习。虽然他们大多为各条原片生产线的骨干，但不是所有人对于新的技术和知识都能快速掌握吸收，尤其是那些经验丰富但年龄较大的老员工，这导致调来的骨干中有相当一部分无法胜任深加工岗位。

（二）外招普通员工无法融入到集团组织文化中

A集团的前身为乡镇民营企业，员工大多为周围村民，该地民风淳朴，因此企业内员工大多以厂为家，任劳任怨。然而深加工企业所处城市的市场化水平高、经济发达，外部招聘的员工具有很强的个体意识，常常因为一些小事"斤斤计较"，一方面导致管理难度加大，另一方面"本地军"与"洋枪队"之间也逐渐产生矛盾。

（三）外招管理、专业技术人员与岗位能力要求不匹配

a公司在玻璃深加工领域缺乏经验，因此所招专业技术人员与管理人员大多通过挖角获取。由于时间紧、任务重，对于招聘标准缺乏详尽的分析和规划，导致招聘来人员有相当一部分无法胜任新岗位。例如，部分应聘销售岗位的人员在简历中拥有丰富的销售经历，但招进来后发现名不副实；有的技术人员虽然技术水平过硬，但由于管理水平低，导致其无法胜任管理职位。

……

大半年过去了，虽然a公司的人员配备已初具规模，但运行过程中产品销售量远远低于产量，仓库中大量囤货，生产线员工工作积极性较低，人心涣散，整个公司弥漫着一股消极情绪。集团管理层对此严重不满，在第三季度总结会上勒令总经理与各部门负责人尽快采取措施改变现状。

三、解决措施

a公司管理层经过不断反思并请教外部管理咨询机构，明确其中最关键的原因还是缺乏必要的规划。人力资源体系的建立不是一朝一夕的事情，若要上层牢固可靠必先打好基础，想要一步到位只能是以失败告终。人力资源部在管理层的指示和外部管理咨询机构的指导下，做出了一份详细的人力资源规划建议书，并在获得认可后，按照规划建议书着手开展下半年的人力资源规划工作。

（一）确定核心人力资源

在确定核心人力资源的过程中，既要分析行业特点，又要结合本企业的实际情况。a公司人力资源部一面广泛收集各类深加工玻璃行业的相关资料，一面找各高级经理交流讨论。随着深加工下游房地产行业的蓬勃发展以及各类节能政策的出台，整个玻璃深加工行业发展势头良好、前景广阔，尤其是国内某些大型知名企业，往往能够产多少销多少。a公

司的产品与知名企业产品相比具有一定的价格优势，与小型企业产品相比具有较明显的质量优势，但由于公司新成立，名气有限，市场尚未打开，导致销售量小于生产量。产品卖不出去，员工的正常收入得不到保障，工作积极性也会受到影响。因此，目前组织的阶段性核心岗位是营销推广岗与销售岗位，最需解决的问题是组建能力较强的营销推广队伍与销售队伍，以打开市场，提高销量。

a公司建立初期，人力资源部协助销售部负责人组建了二十人规模的销售队伍，经过明察暗访，了解到这批业务员中除极少数具有一定的销售能力外，大部分人整日磨洋工，靠着不低的基本工资度日，这也引起生产部门人员的不满。

公司目前尚无专门负责营销推广的人员，几乎从未采取过新闻报道、发布广告、公益活动、座谈会等营销推广活动来树立品牌形象，之前全靠几个核心销售人员跑市场来提高销量。

鉴于以上这种实际情况，人力资源部决定从营销推广与销售这两类核心岗位入手，通过人力资源规划，尽力扭转目前的不理想状态。

（二）人力资源需求分析

1. 数量预测

由于公司新建立，无人员数目方面的历史数据，故主要使用业务数据回归方程法与标杆对比法来进行人力资源数量预测。通过各方面调查，人力资源部获取了同行业内其他部分企业的销售人员数量与人均销售量信息。例如，H企业是国内玻璃深加工的超大型企业，也是我国乃至国际同行的领导企业，销售类人员为600人，月人均销售量为8万m^2重箱；H企业在本地的子公司F，其销售类人员为100人，月人均销售量为7.5万m^2重箱；本地某企业B与a企业规模类似，销售类人员为45人，月人均销售量为6万m^2重箱。a企业月均产量300万m^2，若按照H企业的人均销售量水平，a企业所需销售类人员为300/8≈38人；若按照F公司的人均销售量水平，所需销售类人员为300/7.5≈40人；若按照B企业的人均销售量水平，所需销售类人员为300/6＝50人。因此，a公司最终确定所需销售类人员人数为 38～50 人。同样方法得到的营销推广类人员为 8～15 人。

2. 结构预测

a 公司相关负责人计划将销售人员派驻到全国东北、华北、华东和南部四大区域，对口服务该区域的销售商，每个区域需要一位负责人，故需要设定大区销售经理岗位。因此，销售类岗位分为三个层级，一名销售总监，四名大区销售经理，其余为销售专员。

对于营销推广岗位，参照其他企业的做法，分为三个层级岗位：营销推广总监、营销推广经理与营销推广专员，岗位编制为总监一名，经理三名，其余为专员。

3. 质量预测

公司建立之初，由于时间紧迫，并未把好质量关，后来证明所招部分岗位人员质量参差不齐，整体水平很低，如销售岗位。此次人力资源部收集整理销售岗位与营销推广岗位的胜任力资料，并对该类岗位的优秀人员进行访谈，整合多种方式建立了比较符合企业实际的销售类岗位与营销推广类岗位的胜任力模型以及"胜任力重要性——等级要求矩阵"。为了更好地将胜任力模型应用到后续人员招聘、选拔与培训工作中，人力资源部以胜任力模型为依据，针对销售岗位和营销岗位定制了测评题目及流程。具体内容如表 2-17、表 2-18、表 2-19 和表 2-20 所示。

表 2-17　营销推广专员岗位胜任力模型——信息敏感性

胜任力	信息敏感性	
定义	对宏观经济、政策、市场、行业、公司内部环境等相关动态和信息有高度的敏感性，善于发现并把握市场机会，创造更大的商业价值	
行为指标	等级一：及时发现并反馈商机信息	● 能够及时跟踪、记录、整理并反馈市场、竞争对手、客户需求方面的信息 ● 能够深入接触用户，扎实地做好市场调查与研究工作 ● 能够积极关注玻璃深加工行业和营销领域的前沿信息

（续表）

胜任力		信息敏感性
行为指标	等级二：……	● …… ● …… ● ……
	等级三：……	● …… ● …… ● ……
	等级四：……	● …… ● …… ● ……
面试题目	行为面试题	等级一： （1）请讲述你过去通过市场调研与研究，为团队营销推广方案的制定提出建设性建议的一件事 （2）…… 等级二： （1）请讲述你发现潜在客户信息、努力打开营销局面的一次经历 （2）…… 等级三： （1）…… （2）……
	无领导小组讨论题	……
	情景模拟题	……

表2-18 营销推广专员岗位的"胜任力重要性——等级要求矩阵"

胜任力种类	各胜任力重要性			各胜任力等级要求				合计
	1——低	2——中	3——高	等级1	等级2	等级3	等级4	
计划组织能力		√			√			4
信息敏感能力			√		√			6
高效沟通能力		√			√			4
创意能力		√			√			4

表2-19 销售专员岗位胜任力模型——服务导向

胜任力	服务导向	
定义	以客户为中心,将提升客户满意度作为行动指南,不断提高服务质量	
行为指标	等级一:基本满足客户需求	● 积极面对客户投诉,妥善解决问题,减少客户流失 ● 及时回应客户提出的要求,提供力所能及的帮助 ● 愿意牺牲个人时间为客户提供更优质的服务
	等级二:……	● …… ● …… ● ……
	等级三:……	● …… ● …… ● ……
	等级四:……	● …… ● …… ● ……

（续表）

胜任力	服务导向	
面试题目	行为面试题	等级一： （1）请讲述你过去妥善处理客户投诉的一次经历 （2）…… 等级二： （1）请讲述你对客户进行分类、提供差异化服务的一次经历 （2）…… 等级三： （1）…… （2）……
	无领导小组讨论题	……
	情景模拟题	……

表2-20　销售专员岗位的"胜任力重要性——等级要求矩阵"

胜任力种类	各胜任力重要性			各胜任力等级要求				合计
	1——低	2——中	3——高	等级1	等级2	等级3	等级4	
计划组织能力		√			√			4
服务导向能力			√		√			6
高效沟通能力		√				√		6
创意能力		√		√				2

（三）人力资源现状盘点

在建模后的两周内，人力资源部通过多种评价方式，对销售岗位上现有的20名销售人员进行了胜任力盘点，确定现有销售人员中有40%符合销售专员岗位的要求，具体如表2-21所示。

表2-21　销售岗现有人员岗位胜任力盘点结果

姓名	计划组织－重要性2		服务导向－重要性3		……	合计	匹配度
	等级要求	得分	等级要求	得分	……	100	100%
	2	4	2	6			
李凯	2	4	2	6		80	80%
黄山	1	2	1	3		64	64%
刘佳	2	4	3	9		100	100%
张东	1	2	1	3		60	60%
……	…	…	…	…	…	…	…
平均	1.3	2.6	1.2	3.6		70	70%

　　注：胜任力的"得分"是指该胜任力的等级要求与重要性的乘积；每人在该胜任力上的"得分"为其该项胜任力的测评结果与该胜任力重要性的乘积；"匹配度"为个体的胜任力现有水平与岗位所要求的胜任力水平的比值，匹配度越高表示该员工的胜任力现有水平越符合该岗位要求；"平均"为所有参与盘点的员工的平均水平，结果可应用于培训需求分析工作。

（四）人力资源内部供应分析

　　由于公司建立时间不久，各方面制度还不完善，更无轮岗方面的相关规定，因此其他岗位对销售类岗位与营销推广类岗位的供应暂不考虑。

　　对于销售类岗位，原本除一名销售总监外，其余人员均为销售专员，现在增加了大区销售经理岗位。通过盘点可知，在已有的销售专员中，有八人符合销售专员岗位的胜任力要求，有两人符合大区经理岗位的胜任力要求。对于符合大区销售经理胜任力要求的销售专员，可在进一步考查后将其升至大区经理岗位，其余空缺通过外部招聘获得。

　　对于推广营销类岗位人员，由于内部暂无供应，因此通过外部招聘获得。

（五）供需平衡手段的规划与实施

根据分析得到的空缺，人力资源部着手开始外部招聘工作。

对于已有员工，人力资源部先是结合盘点结果与销售总监进行了沟通，在获得支持后，协助其为销售队伍中的每个人设计了职业生涯发展计划，并针对销售专员整体水平较低的胜任力开设了培训课程。公司之前并无主动解聘的先例，本次对于已有销售专员中那些尚未达到岗位要求的员工，公司给予其半年的学习调整期，半年过后再进行测评，对于各方面测评结果仍未达到岗位要求的员工实施辞退制度。

四、结果

两个月后，岗位所需员工已有一半以上配备完毕，与招聘体系配套的培训项目、员工职业发展项目也取得了较明显的效果，客户普遍反馈现有销售人员的基本素质有了很大提升，伴随而来的还有公司产品销量的持续增长。

第三节 工具箱

一、工作量测查表

指导语：

本次调研的目的在于了解各个岗位当前的具体工作职责、工作内容以及工作量情况，请如实填写

（续表）

工作职责梳理				工作量统计	
职责	内容	类型	具体步骤	每次所需时间	年频次
制作全面风险管理报告及风险状况表	数据采集与催报	周期性	通过电话、邮件的方式向辖内各分支行催报	1	4
	对数据进行加工整理，形成报告中的附（图）表和风险状况表	周期性	报告中附表约30个，需本人整理的约24个	6	4
		周期性	风险状况表10张，自己做6张	3	4
		周期性	汇总并审核其他部门的报表	1.67	4
	……	周期性	……	……	……
……					
其他工作	撰写授课稿演示课件《信用风险内部评级及应用》	临时性		24	1
	……				
日均工作时间总计					

二、胜任力重要性调查问卷

填写说明：本问卷旨在收集各位专家对于××岗位胜任要求的看法和建议，填写共分两步，第一步，在下列20个胜任力中选出5～10项您认为在××岗位任职所必须具备的胜任力，在其后面的"重要与否"框内打勾；第二步，对第一步中选出的胜任力的重要性进行判定，并在相应的选项下打勾。

胜任力	定义	重要与否	重要性判定		
			一般重要	比较重要	非常重要
创新能力	……	√			√
团队建设能力	……	√		√	
客户导向能力	……				
……	……				

三、胜任力与绩效相关关系调查问卷

填写说明：本问卷旨在收集各管理人员对于下属员工某项胜任力水平的看法，填写共分两步，第一步，阅读下列每项胜任力及其定义，然后判断下属员工在该项胜任力上的水平，用1～5表示，1代表此人的该项能力非常不突出，5代表在此人的该项能力非常突出；第二步，回顾被评价人的日常表现，对其工作绩效水平进行整体评价，用1～5表示，1代表其绩效水平非常不理想，您对其工作表现非常不满意；5代表其绩效水平非常理想，您对其工作表现非常满意

胜任力	定义	被评价人			
		张新	李晓庆	王永强	……
创新能力	……	2	4	5	
团队建设能力	……	2	1	2	
……	……				
整体认可度：回顾被评价人的日常表现，对其工作绩效进行整体评价		2	3	4	

四、胜任力等级水平要求调查问卷

填写说明：本问卷旨在收集各位对于某些优秀员工在某些胜任力上的水平的看法，填写共分两步，第一步，阅读下列每项胜任力及其定义，然后判断每位被评价者在该项胜任力上的水平，用1~5表示，1代表此人的该项能力非常不突出，5代表在此人的该项能力非常突出；第二步，回顾被评价人的日常表现，对其工作绩效水平进行整体评价，用1~5表示，1代表绩效水平非常不理想，您对其工作表现非常不满意；5代表绩效水平非常理想，您对其工作表现非常满意。

胜任力	定义	被评价人			
		张新	李晓庆	王永强	……
创新能力：能够对……	……				
团队建设能力：……	……				
……	……				
整体认可度：回顾被评价人日常表现，对其工作绩效进行整体评价					

第三章 基于胜任力模型的人才招聘与甄选体系

20世纪60年代后期，麦克利兰博士应邀为美国政府选拔外交官，在此过程中，他创新性地提出了"胜任力"这一概念，为胜任力研究的关键理论和技术奠定了基础。目前来看，胜任力模型应用最广的领域依然是人才招聘与甄选。究其原因，有以下两点：第一，胜任力的相关概念、研究与技术方法来源于甄选，因此该领域的理论与实践积累更加丰富；第二，"骏马行千里耕地不如牛，坚车能载重渡河不如舟"，正是由于某些胜任力较难后天培养和改变，如何把好人才入口，挑选出胜任能力与组织及岗位职责相匹配的人才就显得尤其重要。

与传统的基于职位的招聘与甄选方式相比，基于胜任力模型的招聘与甄选方式具有以下优势。

1. 选人依据和标准更加科学。

传统的基于职位的招聘，往往侧重于考察、学历、知识、技能等最基本且较为容易识别和培养的内容。已有的研究证明：这些"冰山模型"中水面以上的特征并不具备很好的职业发展预测效果。胜任力的相关理论与研究，以绩效结果为基础，深入挖掘那些能够真正影响工作绩效的个人条件与行为特征（即胜任力），对工作业绩具有显著的预测效果。

2. 招聘渠道建设强化精准性，真正起到筛选作用。

传统招聘渠道建设与基于胜任力模型招聘渠道建设，两者之间的差异对比如表3-1所示。

表3-1 传统招聘渠道建设与基于胜任力模型招聘渠道建设的对比

对比维度	传统的招聘渠道建设	基于胜任力模型的招聘渠道建设
招聘广告内容	（1）企业形象宣传 （2）重在描述工作内容 （3）基本任职资格	（1）明确"要什么"和"不要什么" （2）行为化工作内容介绍 （3）高绩效标准及产出目标要求
投入产出	广泛地接收简历，大量无效应聘者导致招募成本增加	以基于胜任力行为的精准描述，降低无效应聘者的数量
对于目标人群的感受	（1）与市场中其他组织的招聘广告相比缺乏差异性，难以被识别 （2）使目标人群陷入招聘信息海洋	（1）"个性鲜明"，容易被目标人群识别，并获得直观认识 （2）节约目标人群的时间和精力

3. 各甄选环节"分工协同"，确保甄选质量。

传统的甄选流程与基于胜任力模型的甄选流程相比，两者之间的差异对比如表3-2所示。

表3-2 传统甄选流程与基于胜任力模型的甄选流程的对比

对比维度	传统的甄选流程	基于胜任力模型的甄选流程
初步沟通	电话面试，以了解确认为主	边了解确认，边宣贯全员胜任力（核心价值）
初步筛选	收集基本信息，重点根据"硬条件"判断	关注与组织价值和战略需求相关的信息，重点考查应聘者与组织所需的相匹配程度
深度评估	多选用"达标"式考试	选用多种胜任力进行评估，综合运用结构化面试、心理测验、评价中心技术
甄选决策	前期评估的"分数"、"硬性标准"是关键决策机制	经多人、多方法评估后进行决策；整合信息，对比组织文化和战略目标，以及岗位胜任力要求

4. 甄选方法更重视从实际工作和情境出发，预测性更佳。

传统的甄选方法与基于胜任力模型的甄选方法相比，两者之间的差异对比如表 3-3 所示。

表3-3　传统甄选方法与基于胜任力模型的甄选方法的对比

比较维度	传统甄选方法	基于胜任力模型的甄选方法
申请表	收集基本信息，封闭式	收集基本信息并结合行为事件回顾，半开放式
面试	基于简历和基本任职资格的确认	基于过去关键经历事件的行为分析
心理测验	认知、知识等识记性较强的内容	除了认知能力外，个性、动机、情绪能力等也是重点测验范畴
评价中心技术	无	以模拟工作情景为主，如角色扮演、文件筐、无领导小组讨论

如何有效构建基于胜任力模型的招聘与甄选体系？本章将从技术方法、应用实例和工具箱三部分对该内容进行详细介绍。

技术方法部分：对构建基于胜任力模型的人才招聘与甄选的技术方法、实施步骤进行剖析，详细说明管理者如何基于胜任力模型开展相关的招聘与甄选工作。

应用实例部分：通过某具体的操作实例，展示如何通过基于胜任力的人才招聘与甄选体系来有效地进行人才甄选。

工具箱部分：汇集构建基于胜任力模型的人才招聘与甄选体系的常用经典工具和模板，方便读者随时查阅、使用。

第一节　技术方法

相较于传统的招聘与甄选方法，基于胜任力模型的招聘与甄选方法在流程上相对更加复杂，对企业人力资源人员的专业能力要求更高，对企业在相关环节人、财、物成本方面的需求也更大。从整体来看，基于胜任力模型的招聘与甄选体系包括以下关键环节：设计招募信息、设计甄选工具、培训面试官、获取面试者关键胜任力信息以及招聘与甄选效果后评价及工具更新等，具体如图 3-1 所示。

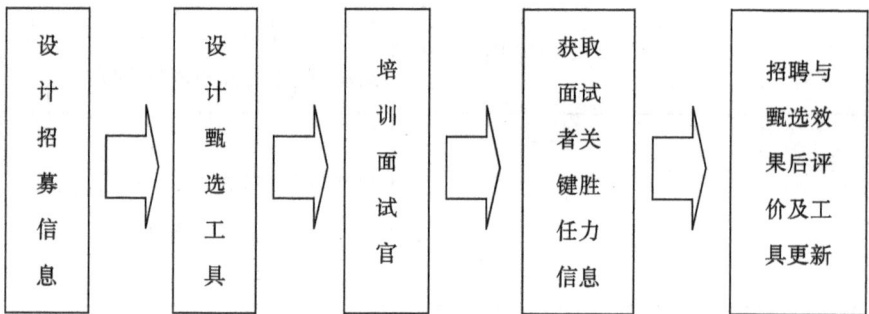

```
┌──────┐    ┌──────┐    ┌──────┐    ┌──────┐    ┌──────┐
│设   │    │设   │    │培   │    │获取  │    │招聘与 │
│计   │ ⇒ │计   │ ⇒ │训   │ ⇒ │面试  │ ⇒ │甄选效 │
│招   │    │甄   │    │面   │    │者关  │    │果后评 │
│募   │    │选   │    │试   │    │键胜  │    │价及工 │
│信   │    │工   │    │官   │    │任力  │    │具更新 │
│息   │    │具   │    │     │    │信息  │    │      │
└──────┘    └──────┘    └──────┘    └──────┘    └──────┘
```

图 3-1　基于胜任力模型的人才招聘与甄选体系建设流程

一、设计招募信息

传统的招募信息包括以下三个方面的内容：企业情况、岗位工作内容及岗位所需的基本任职资格。由于这些招募信息与其他企业发布的类似职位相似度很大，招募信息无法起到应有的精准传递信息的作用，因此应聘者会陷入大量相似的招聘信息中，无法准确辨识自己与企业的匹配度，于是应聘者往往会进行"海投"，进而使企业收到大量无效简历，导致招募成本大大提高。

基于胜任力模型设计招募信息，可以将企业经营及文化特点、所需要的人才应具备哪些深层次特征等信息直观、准确地传递给目标人群，降低无效应聘者的数量，真正起到信息传递、初步筛选、降低成本的作用。

为了避免传统招募信息中存在的问题，在设计基于胜任力模型的招募信息时，要着重体现以下内容。

（一）将组织文化、价值观转化成行为化的描述

相关研究表明，"高绩效者"离开原有组织的原因大致有以下几种。
（1）"七年之痒"带来的职业倦怠。
（2）不满意原有组织的文化与价值观。
（3）之前的管理者无法有效区分优秀绩效者与普通员工。
（4）虽能够区分绩效优秀者与普通员工，但其待遇水平无差异性。

求职者除了会关注招募信息中有关企业规模、行业地位、盈利与待遇水平等基本信息外，往往希望能够了解该企业与其他企业有何不同，例如该企业的组织文化、价值观是什么；在该企业中如何区分绩效优秀的员工与绩效一般的员工。

几乎所有的企业都有自己特有的公司文化、价值观，但如何将这些与其他组织的差异性信息传递给潜在求职者，是企业需要着重考虑的问题。解决这一问题的有效方式是将其以行为化描述的方式设计招募信息。采用行为化描述的方式，一方面，求职者在阅读该类信息时，面对的不再是千篇一律的模式化描述，而能体会到招募信息设计的用心与别出心裁，对应聘单位产生较好的第一印象；另一方面，这种描述方式直观生动，通俗易懂，能够起到较好的信息传递作用。例如，表3-4列出了将价值观转化为行为化的描述。

表3-4　某企业的文化、价值观与其行为化描述

文化、价值观	具体行为
承诺一致	在任何情况下，上级都能够完满兑现自己的诺言
敢于直言	在任何场合，任何人都有权利从组织价值的标准出发，坦诚直言，且不会受到利益和压力影响

（续表）

文化、价值观	具体行为
客户导向	对挑剔的客户心存感激，更加重视客户看不到的细节
敢于担责	凡是涉及自己的工作，能够承担相应责任，不回避和遮掩问题
奖优罚劣	准确区分优秀者与一般者，并给予具有显著区分性的待遇水平
有所不为	面对任何与组织利益相抵触、违背的情况，主动抵制

表3-5列出了两篇招募信息中的开头内容，可以很容易地对比出两部分内容的吸引力程度。

表3-5 某企业的文化、价值观与其行为化描述

公司	开头内容
甲公司	（1）我们招人，不招职位，加入我们后，你在未来相当长的时间内都要持续学习 （2）你将在一个尊重和信任的环境中成长，同时也需要你维护好这个环境 （3）我们提供你全球性的软件培训项目以及高密度的软件教练计划，以保证你在本行业能够迅速成长，请做好吃苦的准备 （4）如果你难以对挑剔的客户心存感激，那么这里可能不适合你
乙公司	本着"打造一家营运安全、品牌卓越、竞争力强……的企业"，自成立以来，……公司始终专注于服务质量的提升，不断满足市场的需求，建立服务客户的全国性网络，同时不断投入资金加强公司的基础建设，积极研发和引进具有高科技含量的信息技术与设备，不断提升作业自动化水平……公司的价值观是"持续学习、平等开放、勤奋求实、客户导向"……

倘若组织还没有清晰的价值观，可借助人与组织价值观匹配度测验（Person—Organization Fit，简称 P-O Fit）工具，收集并梳理出组织价值观，并形成行为化的描述。有关"P-O Fit"工具的介绍可参照本章工具箱部分的内容。

（二）基于岗位胜任力模型，描述面试者应具备的胜任行为

招募信息在为目标群体直观地展示了组织的企业文化与价值观后，接下来要呈现岗位"需要什么样的人"、"不需要什么样的人"的信息，进一步起到筛选作用。在这一环节中，胜任力模型是基础。企业首先需要建立细致的岗位胜任力模型，模型中每种胜任力应包含具体的行为指标，以明确任职者应该具备的胜任行为，然后从中选取关键胜任行为，尤其是那些"难以培训"的行为，将其作为关键识别点加入到招募信息中，以备面试者进行查阅。

在具体的操作过程中，企业可以在原有的岗位说明书的基础上，将招募信息中任职资格部分的关键能力要求尽可能行为化和结果化。表 3-6 展示了两份修改前后的任职资格部分，仅供读者参考。

表 3-6　某修改前后的任职资格部分

任职资格	
修改前	（1）市场营销等相关专业本科及以上，通晓市场营销相关知识，具备财务管理、法律等方面的知识 （2）具有从事市场营销工作的相关经验 （3）具有良好的语言表达能力和沟通能力 （4）具有快速识别目标客户的能力 （5）具备快速与客户建立关系并维护客户关系的能力 （6）具有一定的工作热情和毅力 （7）身体素质及家庭情况能适应经常出差的工作状态

（续表）

任职资格	
修改后	(1) 市场营销等相关专业本科及以上，通晓市场营销相关知识，具备财务管理、法律等方面的知识 (2) 具有从事市场营销工作的相关经验，至少负责过两个市级以上区域的销售工作 (3) 具有良好的语言表达能力和沟通能力，能够当众流利地讲解销售分析方案，至少参与过三次或者主导过一次成功的销售谈判 (4) 具有快速识别目标客户的能力，能够在同业竞争中抢占先机，把握客户 (5) 具备快速与客户建立关系并维护客户关系的能力，能够迅速获得一次购买机会并争取到二次购买机会 (6) 具有一定的工作热情和毅力，为工作能够不断学习与自我提升 (7) 身体素质及家庭情况能适应经常出差的工作状态，能够适应每月至少 10 天在外办公

在以上示例中，修改后的任职资格部分更加行为化与结果化，例如第 3 条，修改前的描述较为模糊，或许大部分人看完后都会认为自己符合该条要求，修改后将"良好的语言表达能力和沟通能力"具体化，即"能够当众流利地讲解销售分析方案，并参与过三次或主导过一次成功的销售谈判"。依据这样的描述，求职者就能够对照自身条件与能力描述，判断自己是否符合要求，不符合要求的求职者自然不会再投简历，从而为企业招聘工作起到初步筛选与降低成本的作用。

二、设计甄选工具

目前常见的胜任力测评方法包含认知类测验、案例分析、行为化面试、情景模拟与角色扮演、文件筐、无领导小组讨论、口头信息搜寻、

360 度评估等。众所周知，不同类型的测评方法对于不同种类胜任力的鉴别效果是不同的，例如"认知类测验"与"案例分析"能够较好地鉴别脑力类胜任力的水平，但这两种方法对于人际与态度类胜任力的鉴别效果稍显不足。因此，在设计甄选工具之前，首先需要明确本次测评涉及的胜任力有哪些，再根据不同胜任力选取对应的测评方法，具体可通过"胜任力—测评工具矩阵"进行分析。表 3-7 是某企业高管岗位的"胜任力—测评工具矩阵"，仅供读者参考。

表 3-7 某企业高管岗位的"胜任力—测评工具矩阵"

测评工具 / 胜任力	案例分析	管理问题测验	领导风格测验	行为面试	无领导小组讨论
战略思维	√	√		√	
决策能力	√			√	
创新能力	√			√	
成就导向			√	√	
承压能力	√		√	√	√
驾驭协调	√	√	√		√
队伍建设	√	√		√	

由于不同企业的胜任力模型中对于相同名称胜任力的定义与解释可能不同，故具体某项胜任力应采用的测评技术，需结合本企业模型对于各胜任力的具体定义与解释而定。目前来看，行为化面试是应用最广的胜任力测评方法，该方法对大多数胜任力都具有较好的鉴别效果，企业在具体应用时，建议以行为化面试为主，同时辅以其他测评方法。接下来将重点介绍行为化面试方法。

行为化面试法是一种能够有效排除个人主观因素的测评方法，该方法的假设前提是"过去预测未来"，即"若某人过去能够较好地完成某件事，未来在遇到类似情景时，他也能够较好完成"。在具体实施时，先由面试者分享过去亲身经历过的一件符合题干描述的事件，再由面试官对这些"过去的行为事件与行为描述"中体现出的胜任力等级进行评估，确定其在该项胜任力上的能力水平。行为化面试设计包括胜任力及其权重确定、题目设计与配套表单设计三个步骤。

(一) 胜任力及其权重确定

在正式设计行为化面试前，首先需要确定面试要考察的具体胜任力。虽然一个岗位的胜任力模型中往往包含10个左右的胜任力，但每项胜任力的重要性、可塑性、可测量的程度都不尽相同。

胜任力的重要性越高，其对任职者在该岗位上取得优异绩效的影响越大，考查时越要重点关注；胜任力的可塑性越低，越难以通过培训提高，考查时也越要重点关注；胜任力的可测量程度越高，越能通过面试确定任职者在该胜任力上的水平高低。

因此，对于模型中的各项胜任力，需要综合分析其重要性、可塑性与可测量程度，着重选取那些重要性高、可塑性低、可测量程度高的胜任力，并对其进行相应的权重分配，这样既能突出重点，又能控制成本与风险。例如，对于营销类岗位，"客户关系建立"胜任力重要性较高、可塑性较低，且较容易通过行为化面试进行考察，因此需要着重设计该方面的题目，考查时也要重点关注。

(二) 题目设计

确定了所需考察的胜任力及其权重后，接下来需要为各个胜任力设计相应的行为面试题目。由于不同岗位对于同一种胜任力的等级要求不同，因此应参照胜任力模型，根据每一项胜任力的等级划分情况，设计不同层级的题目，以满足不同岗位的面试需要。同时，为了最大程度地实现评价标准的统一，方便题目使用，需设计配套的题目使用方法指南，具体可参见表3-8的内容。

表3-8 行为面试题目设计——沟通表达能力

定义：能够理解他人的想法和感受，并采用恰当的方式方法，准确地表达出自己的观点，使自己的观点和想法在组织中得到完整的理解

（续表）

等级	典型行为指标	行为面试题目	正向行为	负向行为
等级1——清晰地表述自己的想法	（1）有主动沟通的意愿，能够向他人清楚地表达工作内容和个人观点 （2）能够给他人讲话的机会，能够听取他人的不同意见和感受 （3）……	（1）请讲述你采取办法化解理解上的分歧，使一项任务顺利进行的一件事 （2）请讲述你通过沟通，使自己的意图从最开始不被理解到最终得到支持的一件事	（1）重视且乐于主动与人沟通，愿意与他人建立联系 （2）……	（1）不注重沟通，不愿意与他人建立联系 （2）……
等级2——把握他人表达的要点	（1）善于换位思考，能够敏锐地抓住他人说话的要点，并做出积极回应 （2）对不同意见持开放心态，能理解他人提出不同想法的原因 （3）……	（1）请讲述你在过去的工作或学习中，通过换位思考，敏锐地理解他人想法的一次经历 （2）……	（1）…… （2）……	（1）…… （2）……

（续表）

等级	典型行为指标	行为面试题目	正向行为	负向行为
等级3—— ……				

在设计面试题目时，应列举3到5条正向和负向的行为，以作为面试官判断面试者是否具备该等级胜任力的评价参考。面试官可根据面试者的回答，判断其与评分参考的符合程度，对每一胜任力进行打分，填写到行为面试评分表中，最后根据各个胜任力的分数确定总评分数以及是否通过。"行为化面试评分表"的样例如表3-9所示。

表3-9　行为化面试评分表

次序	姓名	学习能力 （30%）	承压能力 （20%）	人际沟通 （20%）	创新能力 （20%）	团队合作 （10%）	总评分数	是否建议 通过
1	张阳	8.5	8	7	6	7	8.3	是
2	李清	8	7	7	7	6.5	8	是
3	吴海	6	6	6	5	6.5	6.5	否

（三）配套表单设计

为了提高面试效率，企业应设计完备的电子版本的配套表单。在实际操作中，可借助Excel工具，在其中填入所需的内容，形成电子版本的面试题表、面试评分表、面试记录纸等。面试题表与面试记录纸示例如表3-10和表3-11所示。

表3-10　行为化面试题表

指导语：你好，请坐。欢迎你来参加面试，我们会问一些问题，请结合你经历过的具体事例来回答。对你的回答，我们会严格保密。每个问题的回答时间为2~3分钟。回答前，你可以先稍作回忆。回答过程中，我们可能会因为你用时太长或者有没听明白的地方而打断你，请谅解。如果你没有听清楚问题，可以要求我重复一遍。准备好了吗？那我们现在开始

（续表）

序号	胜任力	题目
1	学习能力	请分享，你在完成一项任务的过程中遇到棘手难题的一次经历 备用题目：对于学习或生活中的某项任务，刚开始不太好处理，当时你是怎么做的
2	承压能力	请分享，某件事情的不成功让你倍受打击的一次经历 备用题目：在完成某项任务时，面对出现的困难你感到力不从心，当时你是怎么做的
3	人际沟通	请分享，过去你与他人打交道的过程中，遇到的最困难的一次经历 备用题目：你与某个跟你性格差异较大的人合作的一次经历
…	……	……

表3-11　行为化面试记录纸

序号	维度	记录内容	备注
1	背景		
	任务		
	行动		
	结果		
2	背景		
	任务		
	行动		
	结果		

注：使用STAR原则记录候选人所讲事件，即从背景（S）、任务（T）、行动（A）和结果（R）四方面记录，记录重点在"行动"方面；"备注"一列用于对事件或行为进行现场编码，如所体现的胜任力的种类、等级、事件的真实程度等信息。

三、培训面试官

（一）为何要培训面试官

实践证明，没有经过行为面试专业培训的面试官存在大量的习惯性的"识人"误区，这些误区集中表现在以下五个方面。

（1）凭主观经验判断面试者的特点。主要表现为"刻板效应"，例如认为北方人的性格豪爽，南方人比较善于经商；有过人力资源工作经验的人八面玲珑，有过财务经验的人严谨细致等。

（2）难以识别深层次的胜任力，过度关注某些"显性"的资格信息。主要表现为在获取面试者信息时，将重点放在工作经历、学历、学校名气、所获证书等信息上。

（3）凭个人喜好作录用决策。主要表现为，对于面试者在面试中表现出的性格特点、经历与自身类似的，与自己同一所学校或相同籍贯的候选人倾向于给高分。

（4）过分放大某些负面信息而忽略面试者的其他闪光点。主要表现为，将面试中的一些细节问题过于夸大，进而从整体上否定面试者，如没有戴领带、进面试厅后直接坐下、打断他人讲话、需要面试官重复题目等。

（5）标准不统一，面试官对于能力评价标准没有统一认识。主要表现为，对于某项胜任力的关键行为指标有哪些、某一行为体现出何种胜任力及其等级等，不同面试官的看法会有所不同，最终导致不同面试官给出的评价结果千差万别，难以比较。

为了避免面试官受到以上误区的影响，在甄选工具设计完毕后，需要对面试官进行必要的培训，以统一评价标准，提高面试过程的标准化与客观化。

（二）如何培训面试官

为了帮助面试官最大限度地消除个人评分偏好的影响，企业应该建立统一的评价标准，通过大量的训练使面试官对于评价标准的识别趋同，从而使其作出相对统一的判断。企业可借助框架参照法（FOR）来培训面试官。

　　框架参照法（Frame-of-Reference，简称FOR）最早由贝尔纳丁（Bernardin）和Buckley于1981年提出，其本意是去除面试官个人特殊的评分标准，而代之以普遍的参照框架。这一方法是通过对岗位胜任力及其行为指标进行统一讲授、讨论，并通过具体的评分演练、评分后评价，使面试官对于人才评价形成统一框架，达成对某项胜任力的一致看法，并不断提升面试官对于面试现场的信息加工速度。有关框架参照法的具体介绍可参照本章工具箱中的内容。

四、获取面试者关键胜任力信息

　　行为化面试绝不仅仅是由面试官抛出题目，面试者根据问题分享故事，然后面试官根据候选人的回答进行评分这样一个简单的过程。为了获取有关面试者胜任力的信息，更准确地对某项胜任力等级进行评价，同时对面试者所讲述的事件的真实性进行验证，经常需要面试官对某些关键的细节进行追问。追问时应遵循STAR原则，即从S（背景）、T（任务）、A（行动）和R（结果）四个方面进行追问，具体内容如表3-12所示。

表3-12　STAR追问方法

维度	含义	可参考的追问点
S	背景	此事的具体背景是什么？有何种矛盾冲突？
T	任务	你的任务是什么？要达到什么样的目标？他人对你有什么要求？
A	行动	你具体采取了什么措施？面对的困难是什么？你是如何克服的？"我们"是谁？你在其中的角色是什么？作出该决策的依据是什么？如何想到要那么做的？事件成功的转折点是什么？
R	结果	此事的结果如何？从中有什么总结与思考吗？如何进一步改善？

在追问过程中，面试官需要着重关注的部分是 A（行动）方面的信息，因为往往行动方面的信息更能够体现候选人的能力水平。

在追问的同时，面试官需要在"行为化面试记录纸"上及时记录相应信息，并分析面试者行为中所体现出的胜任力种类、胜任力等级、事件难度、事件的真实性等。面试过程中记录下的信息有十分重要的参考意义，既可以作为面试结束后与其他面试官讨论该面试者是否通过时的依据，也可以作为后续的模型修订、行为面试题目或案例分析题目设计的素材来源。

五、招聘与甄选效果后评价与工具更新

（一）招聘与甄选效果后评价

企业应通过一些评价指标来对招聘与甄选效果进行评估。常用的招聘与甄选效果后评价指标如表 3-13 所示。

表 3-13　常用的招聘与甄选效果后评价指标

名称	释义	说明
招聘成本控制	实际招聘成本/计划招聘成本	该值越大于1，说明企业越需加强成本管理
录用比	录用人数/应聘人数×100%	该值越大，说明应聘人员整体越符合岗位标准，招聘信息的发布起到了初步筛选的效果
成功录用比	入职人数/录用人数×100%	该值越大，说明录用的人员中有越多的人最终真正到岗，组织用于招聘的时间、精力与金钱获得了更为理想的回报
预测效度	新员工中绩效优秀者比例	对新入职员工的季度、半年、一年的绩效表现进行跟踪，绩效优秀者比例越高，说明招聘与甄选的效果越好

（续表）

名称	释义	说明
流失率	新员工的流失率	统计新入职员工的一年期、三年期流失率，比例越低，说明招聘与甄选出的人才与组织匹配效果越好

（二）工具更新

在面试过程中，应坚持对每个面试题目使用效果的相关数据进行信度效度检验，并根据数据分析的结果对题目进行修订，从而不断提升题目的有效性。

题目信度一般通过计算评分者一致性信度（评分者信度）获得。一致性信度是指多个评分者给同一批人进行评分的一致程度，在具体操作中可通过使用 SPSS 统计软件计算肯德尔和谐系数来实现。若信度较低，说明对于同一个面试题目，多个评分者对同一批人的评分一致性较低，原因一方面可能是多个评分者本身的评价标准不统一，需要重新统一评价标准；另一方面也可能是题目本身的设计存在问题，需根据具体问题采用合适的调整策略，提升题目信度。

题目效度一般通过计算预测效度获得。预测效度是指题目对于面试者未来工作中所表现出的胜任力水平的预测程度。具体操作中，可使用统计软件计算面试时各胜任力等级评定结果及入职后实际工作表现中胜任力等级。若面试中胜任力等级评定为高的员工，入职后在实际工作中该项胜任力评定结果也高，则说明题目的预测效度较高。

企业应在实际运用过程中收集相关的数据，检测题目的信度和效度，对于信度和效度较好的面试题目予以保留，对于信度和效度不高的面试题进行修改，不断提高工具的有效性。

第二节　应用实例

一、背景信息

国内某旅游服务类网站 M 公司自成立以来发展迅速，尤其是近几年来，随着国内旅游行业的持续升温，M 公司不断拓展业务种类，现已发展为集旅游景点查询、酒店查询预订、机票查询预订一条龙服务的综合性旅游服务网站。与此同时，其人员规模也迅速扩大，经过七年时间，M 公司员工人数从最初建立时的五人扩展到八百多人。随着规模的迅速扩张，M 公司对于人才的渴求也越加强烈，如何招到符合公司要求的合适人才，成为公司人力资源部门亟待解决的难题。

M 公司人才招聘主要是通过校园招聘的形式开展招聘工作。校招的对象主要是全国排名前十的院校中的应届与往届毕业的硕士研究生及以上学历，主要招聘的岗位是技术研发、用户研究、市场拓展等关键岗位。尽管公司在招聘过程中投入了相当高的成本，但是业务部门对于招聘的结果却并不买账，普遍反映新入职员工虽专业对口，学历高，又出身名校，但在实际工作中，其各方面素质与能力却往往"名不副实"，更严重的是，部分新员工的做事风格、价值观与公司原有的做事风格、价值观差异较大，甚至已经对公司的氛围产生了消极影响。

无奈之下，人力资源部请来外部咨询公司给予专业指导。

二、现状分析

咨询公司通过人力资源部了解了 M 公司招聘工作的大体情况后，对已有的校招资料进行了梳理，并与部分参与过校招的部门负责人及业务骨干进行访谈，收集相关信息，梳理出公司招聘工作中存在的主要问题。

（一）招聘方法体系方面

缺乏系统的招聘方法体系，例如招聘信息发布、招聘工具设计、决策方法与策略、招聘结果分析与汇报等环节，都未经过科学系统的设计，全靠人力资源部招聘员工自己摸索。

（二）标准体系方面

缺乏系统的招聘标准体系，例如组织的共同价值观、招聘岗位的关键成功因素、岗位上高绩效者的关键行为，都未经过系统的分析与总结。

（三）面试官能力建设方面

参与招聘的面试官大多缺乏系统的培训，故并未掌握必要的面试技能，在面试过程中大多根据个人的主观偏好作判断。

（四）管理机制方面

业务部门对招聘工作缺乏足够重视，认为招聘完全是人力资源部门的工作，参与感不强，另外公司的决策层也很少参与制定公司具体的用人标准。

三、解决措施

咨询公司作为外部专家进驻到 M 公司，与人力资源部组成联合项目组，并通过以下措施提高招聘效果。

（一）广招天下有"缘"人——巧设招聘信息

公司的共同价值观是什么？到底什么样的人适合该公司？什么样的人适合怎样的岗位？对于这些问题，M 公司并没有进行过系统的分析与总结。

因此，项目组首先使用 P-O-Fit 工具，邀请公司高层与核心业务骨干参与进来，采用头脑风暴的形式讨论出组织的共同价值观——"保持开放，敢于突破，持续改善，乐于奉献"，并将其具体化、行为化。然后，结合公司价值观，建立了关键岗位的胜任力模型，并从中抽取出关键绩效行为。

明确了组织的共同价值观与岗位所需的特定胜任力后，项目组设计出形式与内容都较新颖的招聘信息进行发布，具体内容如表3-14所示。

表3-14　M公司技术研发类岗位招聘信息

公司介绍	亲，你是不是更擅长编写代码，而不是玩弄办公室权术？你是不是已经获得计算机科学的学位，能够设计出令人拍案叫绝的软件？你是不是在面对自己经验之外的挑战性工作，常常像打了鸡血一样兴奋？你是不是乐于接受客户或其他同事提出的建议？你是不是工作十分卖力，不喜欢浪费时间在各种令人麻木的会议上？在M公司，我们数十名工程师每天都在密切合作，分享荣誉，因为我们坚信，只要智者共同合作而不相互拆台，奇迹就会出现。如果你还没有加入我们，你可以体验一下我们开发的那一款XYZ旅游APP（By the way，或许它早就被安装在你的手机里，因为截止到今年11月份，XYZ下载次数已超1100万次）。为了让客户满意，我们会低头认错，甚至做出让步。我们不会屏蔽他们的电话，而是乐于听到他们的建议，即使是凌晨时分 　　M公司不会适合每一个人。为了M明日灿烂，容我M今日苛求，如果亲具有以下特质 　　"你曾在两家以上的同业公司工作过 　　你讨厌合作和分享荣誉 　　你对他人的创意或观点总是吹毛求疵，但提不出建设性意见 　　对于大家都熟悉的工作，你从未主动提出新想法并付诸实践 　　你从来没有自觉进行过爱心捐助 　　你关心上级总是胜过关心下级与同事 　　你觉得花很长时间去解决客户的问题让你很烦 　　如果你有以上特质，那我们可能不适合你。但如果你有着十分聪明的大脑，并且乐于把你的智慧运用到制作一流的软件中去（而不是用来找借口），那你一定要来申请我们的职位

（续表）

基本信息	职位名称：客户端开发组组长	招聘人数：两人	工作地点：北京/上海
工作内容 与职责	（1）根据客户需求，参与产品（包括新产品，新功能）开发计划的制订工作，并结合开发组的人力资源状况和产品的功能特点，通过工作量评估以及关键路径分析，对计划进行分解，制订程序开发计划，为项目开发提供内容及进度依据 （2）组织并推动程序开发计划的执行，通过小组周例会、周报、日常沟通等方式，对程序开发计划进行日常的监控，以保证产品开发进度 （3）参与并指导需求分析、代码的编写工作，通过技术沟通、代码走读、测试反馈等方式不断改善软件开发质量 （4）及时组织并督促解决运营过程中出现的相关问题（包括程序、硬件、网络等问题），以保障运营过程的稳定 （5）通过制定、实施软件开发流程及编码规范，以保证软件开发规范、有序地进行；并不断地对开发组工作情况进行总结，将经验和教训融入流程，以确保流程和规范得到持续改进和完善		
对应聘者 的期望	（1）计算机或相关专业，本科及以上学历 （2）熟悉软件工程知识、项目管理知识，具有开发计划编写、系统方案设计、详细设计/概要设计等能力 （3）精通 Unix/Windows 环境下的 C/C++编程语言 （4）系统思考：面对多个开发需求，能够区分其对最终效果实现的影响，并找到最关键的需求 （5）知识整合：能够在掌握原理的基础上，对其他产品的设计进行有针对性的改造，使之更符合自己产品的要求 （6）需求理解：在充分实现现有需求基础上，能够考虑到该需求未来可能进行深化、拓展的地方，方便用户日后调整、修改需求 （7）快速学习：通过深入学习专家或权威的代码，了解其原理和实现机制，并据此完成自己的工作		

（续表）

对应聘者 的期望	（8）自我挑战：具有强烈的进取心与高度的工作热情，能够根据项目 需要进行长时间工作 （9）沟通与协调能力：能够清晰地将工作思路和工作方向传达给团队 中的每个成员并使其形成共识，同时能够获得上下级的支持，至 少协调过两次跨越两个以上层级和部门的项目工作 （10）团队管理：善于发现和培养下属，有五人两年以上团队管理经验 者优先考虑

（二）工欲善其事，必先利其器——设计甄选工具

M公司原本采用的面试方法缺乏规范性，面试官大多通过询问一些简单的学业成绩、家庭背景、专业知识、未来职业规划甚至是一些私人问题来作出判断，这种方法无法鉴别具备某些核心胜任力的员工，故严重影响了招聘效果。在这种情况下，项目组通过讨论，决定对公司过往的面试方法进行改进，选择采用目前应用较广的行为化面试方法。该方法要求面试者用过往实际发生的事件来回答问题，面试官通过分析、概括、提炼等手段，判断面试者的胜任力水平，使面试结果更加客观。同时，对于面试官来说，定制化的面试题目也可以避免他们提问一些与岗位要求无关的问题，从而浪费面试时间。

接下来项目组在胜任力模型的基础上，通过问卷法确定了各胜任力的重要性，综合考虑重要性与可测量的程度后，选出两者都高的胜任力，设计行为面试题目，并配套设计出相关的表单。选出的胜任力以及面试题库示例如表3-15所示。

表3-15 行为面试题目设计——"合作意识"

定义：作为团队一员，能够快速融入团队，注重与他人互享信息，互相鼓励，互相协助，为了团队共同的目标与他人通力合作

（续表）

等级	典型行为指标	行为面试题目	正向行为	负向行为
等级1——快速融入团队	1. 对其他团队成员表示尊重，能够努力使自己融入团队之中 2. 及时告知其他成员有关团队活动、个人行动的信息和重要事件，共享有用信息 3. ……	1. 请讲述你快速融入一个新团队的真实经历 2. ……	1. 尊重友好地对待其他成员 2. ……	1. 没有体现出对团队成员应有的尊重和友好 2. ……
等级2——主动提供协助，交流分享	1. 能够按时、保质、保量地完成自己的工作，不拖累团队的工作进度 2. 在完成自己任务的前提下，积极给予其他成员支持和帮助 3. ……	1. 请讲述在你主动帮助同事解决困难，从而有效推进工作的一件事 2. ……	1. 能主动向他人提供自己有建设性的观点与意见 2. ……	1. 对别人的困难、遇到的问题缺乏关注 2. ……
等级3——……				

除了行为面试题目以外，项目组还根据某些岗位的特点，定制化地设计了其他类题目，如为市场类岗位设计了无领导小组讨论题目，为技术研发类岗位设计了认知测验题目，为用户研究类岗位设计了案例分析题目，为客服类岗位设计了情景模拟类题目。市场类岗位无领导小组讨论用题如表3-16所示。

表3-16　市场类岗位无领导小组讨论用题

<table>
<tr><td align="center">**小组讨论：选择代言人**</td></tr>
<tr><td>从现在开始大家组成一个临时的工作小组，请假设：

你们是当地某大型家电企业的骨干员工，大家临时组成了一个委员会，任务是确定下一年公司某款主打产品的代言人。综合考虑代言成本和效果等因素，公司已经决定选择三名产品代言人，并且审批了1000万/年的预算。

稍后，各位会得到一份关于你所推荐的明星的资料信息卡，卡片里描述了你所推荐的明星的基本情况。在讨论过程中，你的任务是代表你推荐的明星争取代言资格，同时帮助你的这个工作委员会选出最适合的三名代言人。每人的卡片上都包含了以下信息：

姓名、性别、职业、年龄、籍贯、个人简介、代言经历、与本公司合作经历、代言费用、提供的代言服务等。</td></tr>
<tr><td align="center">**选择产品代言人的目的**</td></tr>
<tr><td>本公司的家电产品包括手机、笔记本电脑、家电等多种类型，明年公司将推出一款主打娱乐手机，该手机运行速度、音像效果、屏幕显示效果都比较出众，宣传点为"时尚、年轻、娱乐"，客户群定位于20~30岁的年轻人，希望通过选择代言人，进一步扩大自己的市场影响力，进而带来更大收益。

本次讨论分为：独立思考、个人陈述和集体讨论三个阶段。

第一阶段：独立思考阶段

……</td></tr>
</table>

（续表）

信息卡一								
姓名	……	性别	男	年龄	29	职业	演员	籍贯	中国
个人简介	1984 年出生于陕西省××市，中国内地男演员。2006 年毕业于中央戏剧学院表演系。2007 年凭借出演……跻身一线演员行业。2009 年与 2010 年连续两年获得上海大学生电影节最受大学生欢迎男演员奖……							
近三年代言经历	2012 年正式开始代言产品，曾代言……							
与公司合作经历	没有相关合作经历							
代言费用	至少签订两年代言合同，代言费用____万/年							
提供服务	每年能够参与平面广告拍摄两次（两个工作日），影视广告拍摄一次（一个工作日），公关活动两次（两个工作日）							

（三）千里马常有，而伯乐不常有——培养内部面试官

在以往的招聘工作中，一般由人力资源部临时向业务部门申请抽掉部分骨干员工，双方组成面试官团队，由于招聘周期较长，业务部的同事会担心影响自己的工作进程，且参与招聘工作无其他"回报"，导致业务部门的员工对于参加招聘工作的积极性不高。同时，在面试过程中，由于既缺乏有效工具，又缺乏足够的培训与沟通，使各面试官之间很难达成有效的一致意见，最终往往是根据一两个人的主观偏好来作决定。

为了改变以上困局，项目组首先对业务部门负责人进行了培训，向其宣贯"业务部门的各层级管理者是该部门人力资源建设效果的第一负责人"的理念；其次，制定了相关的"面试官"激励机制，将"参与面试的次数和效果"与业务部门员工的任职资格评定挂钩，并给予一定的物质奖励，从制度角度激发业务部门员工承担面试官角色的积极性；同时，在面试工具设计方面，项目组邀请业务部门负责人共同参与到题目的设计工作中，重点对设计好的题目进行把关，通过讨论方式确定终稿；

最后，项目组有针对性地组织了多场"面试官"培训课程，着重介绍面试流程、面试题目的设计思路与使用方法、面试决策策略等方面的内容，使面试官能够更好地掌握基于胜任力的人才甄别技术。通过以上培养与激励措施，在提高了面试官积极性的同时，也提升了其综合素质。

（四）淘尽黄沙始现金——新人业绩跟踪

在招聘结束后，项目组为每位新员工建立个人档案，着重记录面试中的表现与排名，并在半年后、一年后，通过业绩产出、360 问卷、直接上级反馈等方式统计各员工在实际工作中的表现情况。通过对比面试中的成绩与半年后的实际工作表现，项目组发现，在面试中表现排名靠前的员工，入职后的工作表现普遍优于在面试中排名靠后的员工，这在一定程度上体现了基于胜任力的人才鉴别方法的有效性。

除个人业绩外，在一年期时，人力资源部邀请各业务部门的负责人与骨干，以座谈会的方式对上一年所录取新员工的能力与绩效水平进行简单盘点，业务部门普遍反映，此批新进员工的能力水平和工作表现明显高于以往各批次。

第三节　工具箱

一、人与组织价值观匹配度测验工具

员工的绩效水平不仅会受到其知识、技能及能力的影响，也会受到动机、性格、价值观等因素的影响。研究表明：相比于与组织匹配程度低的员工，与组织匹配程度高的员工通常抱怨更少，离职意向更低，具有更高的工作满意度与组织承诺。

人与组织价值观匹配度测验（P-O Fit）工具是以评估个体价值观为主要目的，通过将个体的价值观与组织的价值观进行对比，得到个体与组织在价值观方面的匹配程度，进而预测个体未来的工作满意度、离职倾向等。该工具适用于选拔性测评，能够帮助企业挑选到更合适的人才。在组织的价值观并不明晰的情况下，企业可首先通过 P-O Fit 工具对组织本身价值观进行分析与界定，形成对组织价值观的统一认识。

利用 P-O Fit 工具界定组织价值观的要点为：选取能代表组织文化的人，例如核心骨干和决策者，对 40 项已覆盖多数通用的企业与个人价值观的卡片进行 Q 分类，分类完之后，要求参与者对看重的每一个价值观讲述一个相关的事例或者故事。这样既能得到组织价值观的框架，又能得到组织价值观的具体行为化描述，具体如图 3-2 所示。

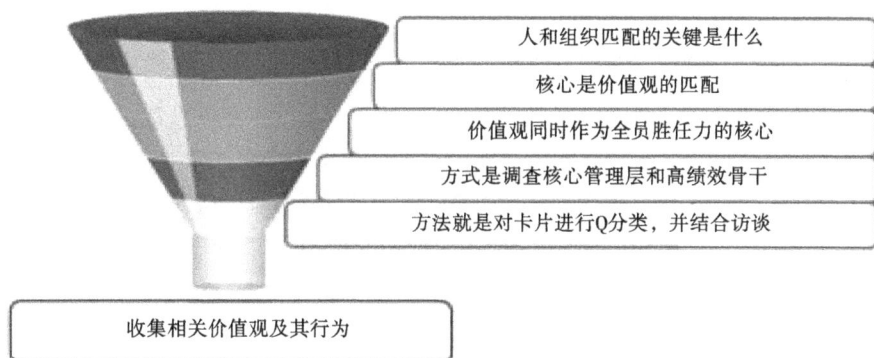

图 3-2 利用 P-O Fit 工具界定组织价值观的要点

二、行为化面试评分表

考官姓名＿＿＿＿＿＿＿＿＿＿＿　　　　　　　　　日期＿＿＿＿＿＿＿＿＿＿＿

次序	姓名	学习能力（30%）	承压能力（20%）	人际沟通（20%）	创新能力（20%）	团队合作（10%）	总评分数	是否通过	备注
1									
2									
3									

（续表）

使用说明：

(1) 各项"胜任力"与"总评分数"的评分范围均是 1 到 10 分，9 ~ 10 分为优，7 ~ 8 分为良，5 ~ 6 分为中，5 分以下为差。

(2) 胜任力评分的最小单位为 0.5 分，总评分数的最小单位为 0.1 分；总评分数不等于各个胜任力分数的总和，而是面试官综合考虑面试者的各个胜任力的权重与实际得分，给出的整体评价分数。最后综合多名面试官给出的总评分数，确定该面试者是否通过。

(3) 在评分过程中，每位面试官都需尽量保持自己的评分尺度前后一致。建议使用纵向对比的方式，例如评价第二位的学习能力时，在其与第一位学习能力对比的基础上确定得分。

(4) 备注中可填写每位面试者的典型特征，以方便面试官在讨论时迅速回忆起该面试者。

三、框架参照法

框架参照法（Frame-of-Reference，简称 FOR）最早由 Bernardin 和 Buckley 于 1981 年提出，其本意是去除评分者个人特殊的评分标准，而代之以普遍的参照框架。

FOR 培训的流程分为以下五步：

(1) 讲授岗位的胜任力及其行为指标；

(2) 讨论每个胜任力不同等级的行为有哪些；

(3) 形成有关每个胜任力的统一框架；

(4) 参照新的框架进行评分演练；

(5) 对评分的准确性进行反馈。

大量研究证实，FOR 能够提高绩效评估和人事测量的效率与一致性。如果评价者事先建立了内在的关于胜任力及行为的标准，那么在评分过程中就减少了信息加工的负荷，评价者能够迅速地将被评价者的行为与上述形成的统一框架进行匹配。

例如，如果公司想招聘一名销售经理，对面试官的 FOR 培训内容如下。

（1）明确销售经理的关键胜任力，包括影响他人、成就动机、客户需求理解、授权与控制等。以"影响他人"为例，其行为指标可能包括给他人留下良好的第一印象；表达观点和事实时具有说服力；提出的观点令人信服，影响了沟通对方的决策等。

（2）能够通过讨论，将典型行为指标进行分级归类。以"影响他人"为例，初级行为指标可概括为"沟通能力较强，语言表达清晰，对方能够理解其思想和意图"，中级行为指标可概括为"运用事实、举例等技巧影响对方的判断"，高级行为指标可概括为"在互动过程中换位思考，使对方自然而然地信服自己的观点"。

（3）进行一次"角色扮演"录像观摩，请面试官对角色扮演者所讲事件中"影响他人"的水平进行编码与评价。

（4）讲师对面试官的评价进行讲解。

第四章　基于胜任力模型的绩效管理

绩效是组织的使命、愿景、价值观和战略的重要表现形式，也是决定组织竞争成败和可持续发展的关键因素。随着管理实践的不断发展，人们对绩效的认识也在不断变化。对于绩效的理解，存在绩效"结果论"、绩效"行为论"、绩效"结果 + 行为论"等不同观点。在本书中，笔者对绩效和绩效管理的概念理解如下所示。

绩效（Performance）是指组织期望的、可以展现在不同层面、能够被组织评价的工作行为及其结果。

绩效管理（Performance Management）是指通过以人为中心的绩效考核与绩效管理循环体系，激发人的内在潜能，驱动组织成员创造高绩效，并不断发现组织的经营管理问题，提出解决方案的管理程序与方法的总和。绩效管理的最终目的是提升组织效能，实现组织战略。

正是由于绩效在企业发展中发挥的重要作用，在现代企业管理实践中，绩效管理倍受广大企业管理者和人力资源管理者的重视。与此同时，在各组织实施绩效管理的过程中，也"不约而同"地遇到了很多相似的问题，例如在针对不同岗位员工进行考核时，往往侧重于对业务类岗位的考核，而忽略了对服务类岗位的考核，由此会导致两个方面的问题：一方面是业务类岗位员工的工作好坏完全由业绩结果说话；另一方面是忽略服务类工作的价值与意义。

经过理论研究和实践经验总结，这些相似的问题大多源于传统的基于岗位的绩效管理模式带来的弊端和不足。近年来，随着胜任力模型在实践中的应用，基于胜任力模型的现代绩效管理越来越显示出其优势。

一、基于胜任力模型的绩效管理与基于岗位的绩效管理的区别与联系

无论是基于胜任力模型的绩效管理，还是基于岗位的绩效管理，均遵循绩效管理的原则与理念。从运行方式方面来讲，两者均遵循绩效管理的"PDCA"循环流程，即完整的绩效管理流程由绩效计划、绩效执行、绩效评估和结果应用四个部分组成；从推动和实现方面来讲，绩效管理均是自上而下推动，绩效目标自下而上实现，绩效考核分层分类开展；从考核操作方法方面来讲，均需设定考核关系、考核频率、评价方法、考核流程及结果处理等内容。

基于胜任力模型的绩效管理与基于岗位的绩效管理的最大区别在于评价内容的基础与来源不同：前者评价内容的基础与来源是岗位胜任力，后者评价内容的基础与来源是岗位职责。评价内容的基础与来源的差异，导致两者之间出现了以下几大差异。

（1）基于胜任力模型的绩效管理侧重于能力评价，基于岗位的绩效管理侧重于任务评价。胜任力模型来源于与优异绩效有因果关系的行为类型和心理属性，对胜任力的准确评价，有利于从根源上解决"人的能力和主观能动性"问题。基于岗位的绩效管理聚焦于某一岗位所要达成的任务和目标，其达成的程度与组织战略能否实现有着更为直接的关系。

（2）基于胜任力模型的绩效管理侧重于过程评价，基于岗位的绩效管理侧重于结果评价。对于很多岗位来说，工作成果的达成不仅仅是该岗位员工通过自身努力就可以实现的，而是依赖于多种因素的综合作用。对这一类岗位员工的绩效管理，如果依旧从结果角度进行评价，难免有失偏颇。通过基于胜任力模型的绩效管理，对该类员工的日常行为表现进行观察，并与该岗位的胜任力进行对照，可以更好、更准确地对其工作进行评价。

（3）基于胜任力模型的绩效管理侧重于长期评价，基于岗位的绩效

管理侧重于短期评价。基于岗位的绩效管理过分注重对结果的考核，侧重于可量化的"硬"指标，这可能会导致员工为了获得更好的绩效考核成绩，采取一些并不利于企业长远利益的短期行为。基于胜任力模型的绩效管理是以某一岗位应具备的胜任力作为被考评价者的评价标准，在一定程度上可以避免不利于企业长远利益短期行为的发生。

（4）基于胜任力模型的绩效管理侧重于定性评价，基于岗位的绩效管理侧重于定量评价。胜任力具有抽象性，不容易被直接观察到，需要通过行为事件来体现，因此对胜任力的评价，不像对财务或市场目标的评价那样可高度量化。对胜任力的评价，需要评价者结合胜任力的行为指标以及被评价者的日常行为，以相对统一的标尺来衡量被评价者的绩效水平。

综上所述，基于胜任力模型的绩效管理与基于岗位的绩效管理，在评价基础、评价内容、评价影响和评价方式等方面相辅相成，互为补充。基于胜任力的绩效管理为传统的基于岗位的绩效目标的实现提供了依据，而传统的基于岗位的绩效目标的实现为胜任力的测评提供了实证和补充。

二、基于胜任力模型的绩效管理实施的前提条件

无论是基于胜任力模型的绩效管理体系建设，还是基于岗位的绩效管理体系建设，均是一项"系统工程"。这项"系统工程"包括绩效管理循环、绩效管理文化和绩效管理基础三大内容。通过这三个方面的联动，绩效管理体系才能真正发挥作用，具体如图4-1所示。

绩效管理循环

企业愿景 ➡ 公司发展战略 ⬅ 企业使命

绩效规划

P

结果应用 A   D 计划执行

C

绩效评估

经营管理数据体系
绩效管理组织保障

绩效管理基础

绩效管理文化

图 4-1　实施绩效管理的三个基本条件

　　除以上三个基本条件外，基于胜任力模型的绩效管理在 PDCA 四个环节中，均需要岗位胜任力模型作为基础依据。因此，要有效建立并实施基于胜任力模型的绩效管理，构建符合组织战略发展的"分层分类"的胜任力模型是必要的前提条件。

　　如何有效构建基于胜任力模型的绩效管理体系呢？本章将从技术方法、应用实例和工具箱三部分对该内容进行详细介绍。

　　技术方法部分：说明如何构建基于胜任力模型的绩效管理体系，对构建基于胜任力模型的绩效管理体系的技术方法、实施步骤和注意事项等进行剖析。

　　应用实例部分：以某组织的"基于胜任力模型的绩效管理体系构建"为案例，详细展示如何构建基于胜任力模型的绩效管理体系。

　　工具箱部分：汇集构建基于胜任力模型的绩效管理体系常用的经典工具和模板，方便读者随时查阅、使用。

第一节　技术方法

　　构建基于胜任力模型的绩效管理体系是指通过将员工个人目标和组织目标相结合，不断获取、使用、激励和开发员工的胜任力，以提高员工个人的绩效，进而实现组织发展目标的循环往复的过程。构建基于胜任力模型的绩效管理体系的关键在于理清公司的绩效目标，构建关键岗位的胜任力模型，根据胜任力模型对员工进行能力评估，并以此为依据制定绩效考核体系。绩效考核体系包括绩效计划、绩效执行、绩效评估和结果应用四个环节，具体内容如图4-2所示。本节将依次就如何有效开展这四个环节工作的相关技术方法进行详细介绍。

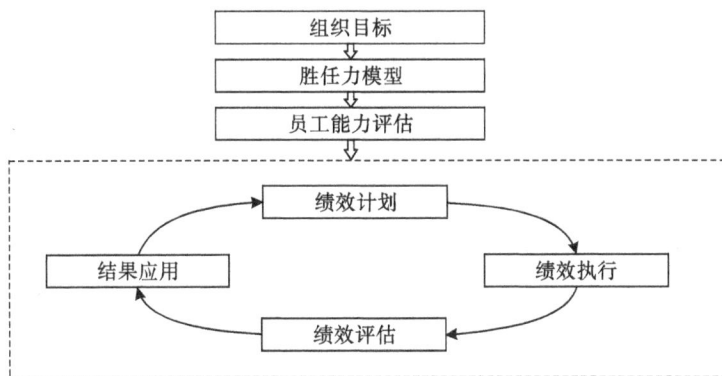

图4-2　基于胜任力模型的绩效管理的闭合循环

一、绩效计划

　　绩效计划是绩效管理的逻辑起点，更是确保绩效管理成功的第一步。绩效计划是指确定组织对员工的绩效期望并得到员工认可的过程。同时，组织结构的层级性决定了绩效计划的制订也具有一定的层次性。

　　在新的绩效周期开始时，依据组织的战略和核心能力，直线管理者与下属员工进行沟通，针对员工在考核周期内应该达成的绩效进行协商并达成一致。沟通的内容主要包括：在考核周期内，员工要做什么、为什么做、需要做到什么程度、应何时做完、做的好坏程度对员工的影响、员工的决策权限等内容。待直线管理者与下属员工就以上沟通内容达成一致后，应形成书面契约，即绩效计划的成果文件——"绩效考核表"，也叫"绩效任务书"、"绩效合约"等（以下统称"绩效考核表"）。直线管理者（在考核时，也称"评估者"）需对下属员工（在考核时，也称"被评估者"），在考核周期内对各项工作的完成情况进行检查、评价，然后由双方在绩效考核表上签字确认。

一般情况下，基于胜任力的绩效考核表的组成要素，除了部门、职位、评估者姓名、被评估姓名外，还包括绩效指标、指标说明、评价标准、权重、数据来源等，能够体现出绩效计划环节沟通中的所有内容。各要素的具体含义如下。

（1）绩效指标：考核内容的名称，即胜任力，体现导向性，要求简单、易懂。例如学习能力、分析能力、沟通协调等。

（2）指标说明：对绩效指标的考核目的、关键考核点进行说明和描述，即胜任力定义，要求界定清晰、具体。例如，针对"学习能力"，指标说明为"有目的地学习、掌握知识和经验，具备自我提升的能力"。

（3）评价标准：绩效指标应该完成的程度，即行为指标及评价标尺。行为指标要求描述准确，无交叉，评价标尺要求能够区分行为发生的频率，采用10点、7点、5点量表均可，根据实际需要进行选择。权重：指每条绩效指标对考核结果的影响程度。

（4）数据来源：考核指标的数据由哪个部门、哪个岗位、哪个人负责评价或收集。例如，上级、同级及下级，根据实际需要进行选择。

基于胜任力的绩效考核表示例如表4-1所示。

表4-1 基于胜任力的绩效考核表

所在部门		职位		评价时间		
被评估者		评估者姓名		评估者主体	上级　同级 下级　本人	
绩效指标	指标定义	权重	行为指标		评价标尺	权重
专业能力	精通分管工作领域相关知识，并能有效解决工作中遇到过的专业问题并对下属进行专业指导	30%	为业务发展着想，尽可能帮助业务部门解决业务发展过程中遇到的问题		1 2 3 4 5 6 7	10%
			经常要求员工为业务发展提高服务效率		1 2 3 4 5 6 7	10%
			利用自己掌握的专业知识去帮助下属机构及业务部门进行整改，以防范相关风险		1 2 3 4 5 6 7	10%
敬业负责	严格要求自己，注重工作质量，关注细节，主动改善，并愿意承担责任	35%	主动对工作中的问题进行系统性提炼，找出共性并提出整改建议		1 2 3 4 5 6 7	10%
			出现问题时不推脱，主动承担责任，不欺上瞒下，及时采取补救措施		1 2 3 4 5 6 7	15%
			善于发现计划中的细节缺失和漏洞，引导下属关注细节的完善		1 2 3 4 5 6 7	10%

（续表）

绩效指标	指标定义	权重	行为指标	评价标尺	权重
沟通协调	妥善处理与上级、平级以及下级之间的关系，促进相互理解，获得支持与配合	35%	协调分支行及其他部门进行工作时，能够考虑分支行及其他部门的难处，找出合理的解决方案	1 2 3 4 5 6 7	10%
			与员工沟通时能够站在员工的角度考虑问题，了解员工的真实想法	1 2 3 4 5 6 7	15%
			推进工作时，讲究策略，针对不同特点的人员采取不同的沟通方法，保证顺利推进	1 2 3 4 5 6 7	10%

在绩效计划环节，对于直线管理者来说，最为关键的工作就是与下属员工进行有效沟通，对绩效考核表达成一致。在基于胜任力模型的绩效管理体系中，绩效考核表中的各因素与胜任力模型是一一对应的：绩效指标即胜任力；指标定义即胜任力的定义。评价者应采用360度评价，即由某一岗位的上级、同级、下级和本人根据考核表分别对该岗位员工的胜任力表现作出评价。

明确各岗位的绩效考核表后，绩效计划环节的工作即告一段落，需要着手准备第二个环节——绩效执行。

二、绩效执行

绩效执行是绩效管理的第二个环节，是收集信息、整合信息，根据实际情况对绩效考核表做出调整并对下属给予反馈的过程。绩效执行阶段将对绩效结果产生重要影响，也是绩效管理四个环节中耗时最长的一个环节。在绩效执行环节，直线管理者和下属员工是行为主体，直线管理者的主要责任包括两部分内容：第一，通过绩效沟通，对下属员工的工作给予支持，并修正其工作中的实际表现情况与目标之间的差异；第二，记录下属员工工作过程中的关键事件或绩效数据，为绩效评价提供充分信息。下属员工的主要责任就是根据绩效计划环节制订的绩效考核表，结合所在岗位的岗位职责，完成相关工作，努力达成绩效目标。

在基于胜任力的绩效管理体系中，绩效指标即为胜任力。因为胜任力很难被直接观察到，所以需要直线管理者在日常工作中不断观察下属员工的行为，及时记录员工的关键行为事件。记录员工关键行为事件的目的，一方面是通过其行为事件对下属员工的胜任力情况进行判断，以便在绩效反馈时予以指导；另一方面是为绩效评估提供充分信息。

在绩效执行环节，直线管理者所承担的责任以及要完成的任务，可以通过绩效执行过程模型来展现。绩效执行过程模型包括六个环节，具体内容如图4-3所示。

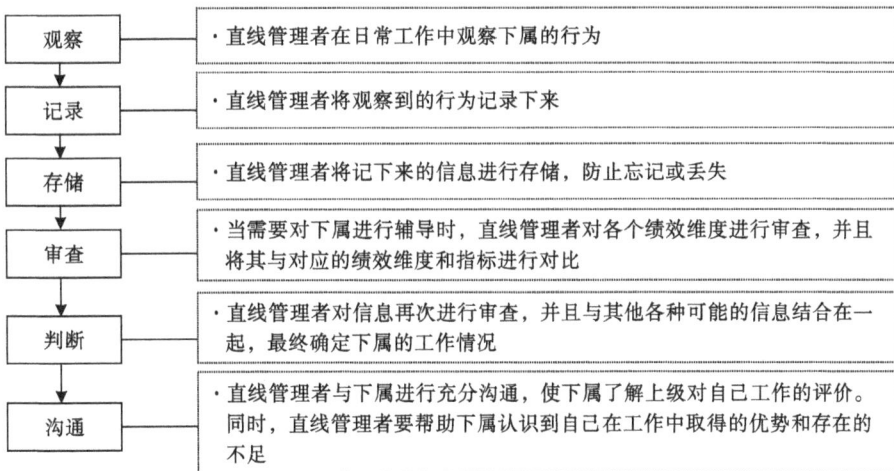

图4-3　绩效执行过程模型

在绩效执行过程模型中，最关键、最重要、最困难的工作就是绩效辅导沟通。绩效辅导沟通是一个充满细节的过程，是直线管理者与下属员工在共同工作的过程中分享各类与绩效有关的信息的过程。这些信息包括有关工作进展情况的信息、有关员工工作中潜在障碍和问题的信息及各种可能的解决措施等。直线管理者应对下属员工进行定期的、持续的辅导，以便在某些困难发生前帮助下属员工识别并指出困难，避免其在工作中走弯路。在辅导过程中，沟通不良会使管理者与员工之间产生各种各样的摩擦。因此，在管理者与员工之间进行与绩效相关的辅导沟通时，建议参照 GROW 模型。

GROW 模型是指围绕设定目标和寻找解决规划的有效办法，经由过程教练式辅导、帮助和启发、推动他人自行负责地找到答案，确定解决方案并有效执行的沟通模型。在 GROW 模型中，G 代表 Goal，主要是指确认员工的业绩目标；R 代表 Reality Check，主要是指现状，明确目前的现状、客观事实是什么；O 代表 Options，是指寻找解决方案；W 代表 Wrap–up，指制订行动计划和评审时间。GROW 模型如图 4-4 所示。

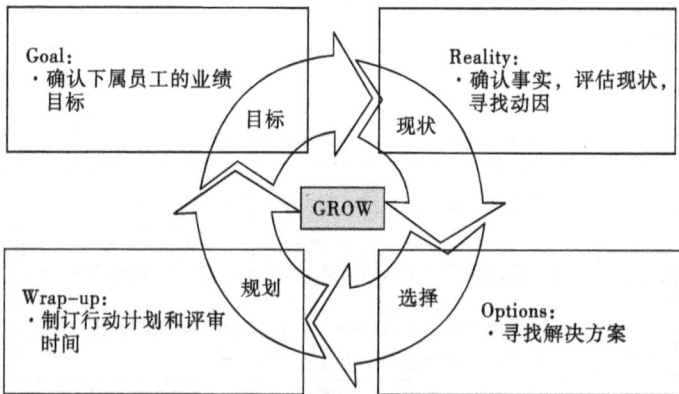

图 4-4　GROW 模型

在 GROW 模型中，各环节的目的、沟通要点和沟通话术举例等详见表 4-2。

表4-2 GROW 沟通要点示例表

目的	沟通要点	沟通话术举例
确认下属员工绩效目标的完成情况	清楚地向员工陈述谈话的目的	①从长远看，你要达到什么目标？ ②如何知道你达到了目标？你会看到什么、听到什么、感触到什么，才能让你知道你取得了进展？将会完成什么样的行动或影响力？ ③对于这些目标，你个人有多大的控制或影响力？ ④在达到这些目标的过程中，有什么可以作为里程碑？ ⑤你想什么时候达成这个目标？ ⑥如何衡量目标？
确认事实，评估现状，寻找动因	·描述发现的问题 ·要求员工分析原因，避免盲目下结论 ·设身处地地进行倾听	①现在的情况怎么样？现在的情况是什么：什么事、什么时候、在哪里、有多少、频率等。 ②直接和间接涉及的人有谁？ ③如果事情发展得不顺，对你来说会发生什么事情？ ④到目前为止，你是怎么处理的？结果如何？ ⑤这种情况中缺少了什么东西？ ⑥是什么阻碍了你的前进？ ⑦直观地说，到底发生了什么事？

（续表）

目的	沟通要点	沟通话术举例
寻找解决方案	·询问员工对问题的看法以及解决方案 ·通过提问鼓励创造性思考，例如"还有没有更好的做法"	①要解决这个问题，你有哪些办法？ ②你还会做哪些事情？ ③如果在这个问题上你有更多时间的话，你会做什么尝试？ ④如果你只有更少的时间呢？你将会少做什么尝试？ ⑤想象一下，如果你现在更有精力和信心，你会做什么样的尝试呢？ ⑥如果有人说："钱不是问题"，你会做什么事情呢？ ⑦如果你拥有所有的力量，那么你会做什么事情呢？ ⑧你应该怎么做呢？
制订行动计划和评审时间	·与下属员工一起商讨行动计划、制定下一次评审、沟通的时间 ·感谢员工并表达你对他的信心	①你选择哪些办法？ ②你可以在多大程度上达到你的目标？如果不能达到，你认为还缺少什么？ ③你关于成功的标准是什么？ ④准确地讲，你将会在什么时候开始并结束每项行动或步骤？ ⑤阻碍你采取这些措施的因素是什么？ ⑥你怎么消除这些阻碍因素？ ⑦谁应该知道你的行动计划？你需要什么支持？由谁来提供这些支持？ ⑧你想怎样去完成你的行动计划？ ⑨要完成这些行动，按1~10分打分，你的承诺是几分？是什么阻碍你没有达到10分？你可以做些什么，把分数提高到更接近10分？ ⑩为了使你前进一步，在接下来的4~5个小时内，你可以做的一个小行动是什么？ ⑪去做吧！你现在就可以采取这个行动！你一定会成功的！

绩效执行是决定绩效管理是否成功实施的重要阶段。在绩效执行过程中，企业可以收集到必要的绩效信息，这将为绩效管理的第三个环节——绩效评估环节奠定坚实的基础。

三、绩效评估

绩效评估是指对组织或组织内员工的价值作出判断的一种活动，是绩效管理过程中技术性最强的环节之一。在基于胜任力模型的绩效管理体系中，胜任力是绩效评价的基础，而胜任力又难以被直接观察和衡量，因此在基于胜任力模型的绩效管理体系中，做好绩效评估更具有挑战性。基于胜任力模型的绩效管理体系中，在绩效评估这一环节，针对管理者的评估通常采用360度评估法；针对基层员工的评估，可以采用直接上级评价法。下面将分别介绍这两种评价方法。

（一）360度评估

360度评估又称360度全方位评估或多源评估，该评估方法是由与被评估者有密切工作关系的人，匿名对被评估者进行评估，同时被评估者也可进行自评；然后，专业人士根据他人的评估结果，对比自评结果，出具评估报告并向被评估者提供反馈，帮助被评估者提高能力和业绩水平。一般来说，360度评估的实施过程包括四个步骤：准备、现场实施、数据处理和结果呈现，具体内容如图4-5所示。

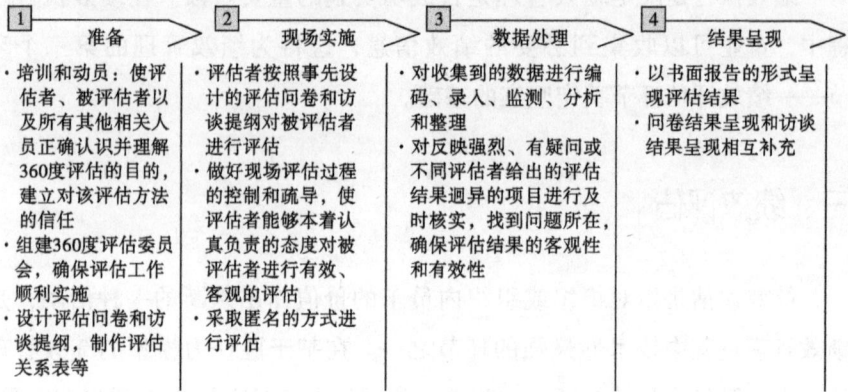

图 4-5　360 度评估的实施步骤

360 度评估各步骤中的具体工作如下。

1. 准备

在实施 360 评估的准备阶段，主要有三项工作：首先，确定评估者与被评估者；其次，确定评估关系；最后，制定评估关系表。

（1）确定评估者与被评估者

首先，组织内发起的 360 度评估的被评估者可以是各级管理者、特定岗位和组织内所有人员，应根据评估目的和组织文化来确定被评估者。其次，评估者的选取涉及两个方面的问题：选什么人和选多少人。360 度评估中评估者的数量规定如表 4-3 所示。

表 4-3　360 度评估中各类评估者的数量规定

评估者	上级	同级	下级	自评
参与人数	最少 1 人	3 人以上	3 人以上	1 人

（2）确定评估关系

在正式评估开始之前，确定评估关系是不可缺少的一个关键步骤。评估关系的确定流程如图 4-6 所示。

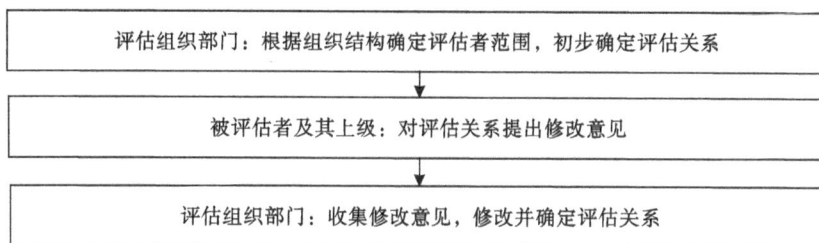

图4-6 确定评估关系流程

（3）制定评估关系表

在传统的纸版问卷评估中，一个评估者可能会拿到多份问卷，需要对多个人进行评估。如何确保每个评估者拿到的评估问卷都是准确的呢？我们建议：现场实施者将评估关系印制成表格（见表4-4和表4-5），参照表格给评估者分配问卷。

表4-4 评估关系表形式一

	甲	乙	丁
甲	自评	下级评上级	客户评
乙	上级评下级	自评	客户评
丙	上级评下级	上级评下级	客户评

表4-5 评估关系表形式二

	自评	上级		同级		下级		客户	
	自评	上级1	上级2	同级1	同级2	下级1	下级2	客户1	客户2
被评估者一									
被评估者二									
被评估者三									

2. 现场实施

现场实施时可采用问卷评估和访谈评估的方式进行。无论是问卷还是访谈提纲，均以第一环节中确定的"绩效考核表"为蓝本。

（1）问卷评估的现场实施

以采用纸质版问卷集中评估方式为例，其现场实施需要做好以下三项工作。

第一,评估前的宣讲。宣讲的目的是让评估者正确认识评估的目的和要求,提升评估结果的有效性和相关人员对评估结果的认可度。根据经验,我们总结出宣讲的内容清单如表4-6所示。

表4-6　评估前的宣讲内容清单

第一,介绍360度评估工具。
第二,介绍本次评估的目的、意义。
第三,介绍本次评估涉及的人员范围。
第四,说明评估结果的应用,即将评估结果应用于哪些方面。
第五,明确保密原则,清楚地说明操作人员以及接触结果的人员范围。
第六,对评估者进行培训,内容包括问卷填写要求、注意事项等。

第二,现场组织者的职业化。现场组织者的职业化程度、对现场的控制能力、核对评估问卷是否符合要求的认真仔细程度都会对评估者产生影响。

第三,场地的布置。评估场地的布置,例如评估者间的座位距离,对评估结果也会产生影响。

(2)访谈评估的现场实施

访谈评估的实施流程如图4-7所示。

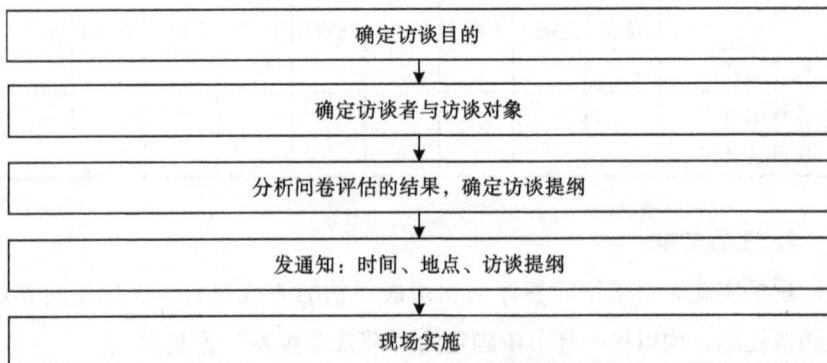

确定访谈目的
↓
确定访谈者与访谈对象
↓
分析问卷评估的结果,确定访谈提纲
↓
发通知:时间、地点、访谈提纲
↓
现场实施

图4-7　访谈评估的实施流程

在访谈开始前，访谈者需要提前通知访谈对象，以便访谈对象在时间和内容上做好准备。通知内容一般包括评估背景、访谈时间、访谈地点、访谈提纲、访谈者信息。另外，访谈地点的私密性对于整个访谈的效果非常关键，应选择在比较私密、隔音效果好的地方进行访谈，这样能让访谈对象放松心情，使其更详尽地提供自己的观点和意见。

3. 数据处理

由于评估人较多，所以数据处理会稍显复杂。具体的数据处理步骤如下。

（1）问卷编码

编码的方式有很多种，常用的有数字编码、字母加数字编码。例如，某份问卷被编为 D20131220N0001，其代表的含义如图 4-8 所示。

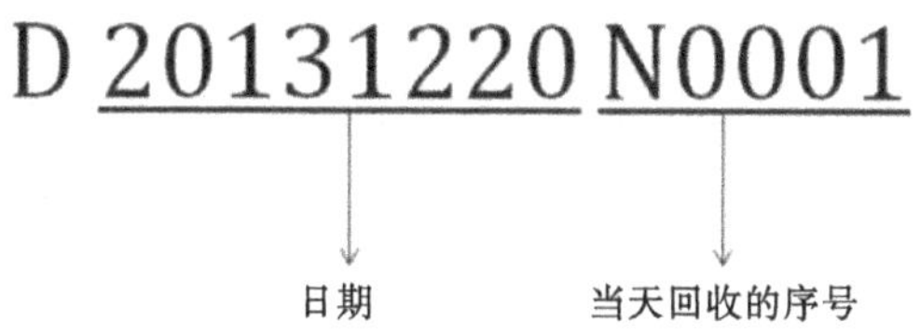

D 20131220 N0001

日期　　　　　当天回收的序号

图 4-8　问卷编号含义

（2）数据录入

数据录入的步骤如下。

第一步，制作数据录入表格。数据录入表格如表 4-7 所示。

表 4-7　数据录入表

问卷编号	被评估者姓名	评估者关系	选择题						开放题			
			1	2	3	4	5	…	1	2	3	…
D20131220N0001	李明	上级	2	4	5	3	4					
D20131220N0002	李明	同级	1	2	4	4	3					
D20131220N0003	李明	同级	5	4	4	3	2					

（续表）

问卷编号	被评估者 姓名	评估者 关系	选择题						开放题			
			1	2	3	4	5	···	1	2	3	···
D20131220N0004	李明	同级	3	4	5	4	3					
D20131220N0005	李明	下级	2	3	4	5	3					
D20131220N0006	李明	下级	2	4	5	3	4					
D20131220N0007	李明	下级	1	2	4	4	3					
D20131220N0008	李明	自评	2	3	4	5	3					
......												

第二步，录入数据。录入数据时一般会采取双人录入的方式。录入完毕后，可对双人录入结果进行对比，对于存在差异的数据，应找原始问卷核实，以最大限度地降低录入的差错率。

第三步，数据抽查。尽管双人录入的方式在一定程度上可以降低录入差错率，但仍不能保证差错率为零。因此，还需要对录入后的数据进行随机抽查。

（3）数据剔除

由于各种原因，在数据处理过程中可能会出现无效选项。为了避免无效选项干扰评估结果，当数据录入结束后，我们需要剔除异常数据。判断数据是否异常需遵循三个原则：差异原则、极端原则和矛盾原则。

（4）数据统计

360度评估通常采用5点量表和7点量表，数据统计方法比较简单，只涉及平均数的计算。如果组织决策者更喜欢使用百分数打分，则会存在百分制转换的问题。360度评估常用的数据统计步骤如下。

第一步，单一问卷数据统计。首先，针对每一份问卷，将反向题的评分进行转换；其次，将单一问卷的分数按照维度评分进行汇总，具体如表4-8所示。

表4-8　分维度汇总题目得分

问卷编号	被评估者姓名	评价者角色	业务理解	团队建设	绩效导向	……
D20131220N0001	李明	同级	18	21	16	…
……	…	…				

第二步，单一被评估者数据统计。每一份问卷都处理完成以后，接着进行两次数据汇总和统计：第一次按被评估者姓名进行汇总和统计，第二次按评估者角色进行汇总和统计。

第三步，同级别整体数据统计。进行该统计的目的是将个人得分情况与同级别人员整体得分情况进行比较，找到差距和不足。

4. 结果呈现

评估问卷的结果呈现有两种形式：表格呈现和报告呈现。表格呈现是指通过表格的形式展示被评估者在各个维度的得分，不包含任何评语；报告呈现，可以加入文字描述并穿插图标，为评估结果提供较为丰富的信息支持。

访谈结果的呈现也有两种形式：一种是作为问卷结果呈现报告的证据或补充，另一种是作为独立的报告。常用的是第一种形式。

（二）直接上级评价

对于评估对象来说，直接上级是360度评估方法中的评估者之一。考虑到360度评估的操作相对复杂，建议在对基层员工进行基于胜任力的绩效评估时，可以采用直接上级评价的方法。一方面，直接上级是最熟悉下属员工工作情况的人，对评价的内容也比较熟悉；另一方面，由直接上级对下属员工进行绩效评价，也为他们提供了一种引导和监督员工行为的手段，从而促进团队工作的顺利进行。

采用直接上级评价法时，评价者应该避免主观错误，例如评估者对被评估者的偏见或其他一些非恶意的主观性错误。最常见的主观性错误包括以下几类。

1. 晕轮效应。晕轮效应是指人们常以个体的某一种特征作为对其进行评价的总体印象的一种现象，例如，某位管理者对下属的某一绩效要素（如口头表达能力）的评价较高，导致其对该员工的其他绩效要素评价也高。

2. 宽大化倾向。宽大化倾向是指评价者对评价对象所作出的评价高于其实际成绩的一种现象。

3. 严格化倾向。严格化倾向与宽大化倾向相对应，是指评价者对员工的评价过分严格，导致评价低于其实际成绩的一种现象。

4. 中心化倾向。中心化倾向是指评价者对一组评价对象作出的评价结果相差不多，或者都集中在评价尺度的中心附近，导致评价成绩拉不开距离的一种现象。例如，在评价表中规定了五个评价等级，管理者可能会避开较高的（第五等级）等级和较低的（第一等级）等级，而将大多数员工都评定在第二、三、四这三个等级上。

5. 首因效应。首因效应也称第一印象误差，是指员工在绩效评价初期的表现对评价者评价其以后的绩效表现产生延续性影响的一种现象。例如，有一名员工在刚刚进入某个部门之初工作热情很高，一下子获得了很好的业绩，给他的上级留下了深刻的印象。实际上他在整个绩效评价期间的工作绩效并不是很好，但是上级还是根据最初的印象给他较高的评价。

6. 近期行为误差。近期行为误差是指评价者只凭员工近期（绩效评价期间的最后阶段）行为表现进行评价，导致无法体现其在整个评价期间的表现的一种现象。

7. 评价者个人偏见。评价者个人偏见是指评价者在进行评价时，可能在员工的个人特征，如年龄、性格、爱好等方面存在偏见，或者偏爱与自己的行为或人格相近的人，造成人为的不公平的一种现象。

鉴于以上在评价过程中可能出现的主观性错误，建议在直接上级对下属员工进行评价时参考"绩效执行过程模型"的记录，以便对下属员工的绩效作出更为客观、公正的综合评价。

四、结果应用

绩效评价结果应用是绩效管理的关键环节，关系到整个绩效管理系统的成败。在基于胜任力模型的绩效管理体系中，评价结果主要应用于两个方面：一方面，通过分析结果，找出员工的实际能力与所在岗位胜任力的差距，进而诊断存在的问题，提出绩效改进计划；另一方面，作为招聘、晋升培训与开发、薪酬发放等的决策依据。

绩效改进是指通过采取一系列行动来提高员工的能力和绩效的行为。基于胜任力的绩效评价结果应用于绩效改进时，需要直线管理者分析员工的绩效考核结果，找出员工绩效不佳的原因，然后针对存在的问题，与下属员工进行有效沟通，一同制订出合理的绩效改进计划，或者在新一轮的绩效管理循环中，适当加大对绩效改进计划中的内容的考核力度，以不断提高员工的胜任力水平和绩效水平。

"没有规矩，不成方圆"。在一个组织内，要构建基于胜任力的绩效管理体系，就需要制定绩效管理制度。绩效管理制度是组织内实施绩效管理的"军规"，是为了实现科学、公正、务实的绩效管理而制定的规范。通常情况下，绩效管理制度包括绩效管理的目的、适用范围、原则、流程、组织分工与责任界定等内容。人力资源部是绩效管理制度的起草者，是确定组织内部关于绩效管理统一体系的提议者和组织者。

另外，鉴于基于胜任力模型的绩效管理与传统的基于业绩的绩效管理相辅相成、互为补充，我们有以下两点建议：第一，建议企业采用"1＋1"的绩效考核模式，即考核中既包括基于业绩的结果考核，也包括基于胜任力的行为考核；第二，根据企业所处行业、文化及发展阶段，以及绩效考核结果的应用领域，合理设置两者的权重。

第二节 应用实例

一、背景信息

某大型商业银行的一级分行 A，地处我国中部，目前全辖有 16 家二级分行、350 个营业网点，在该一级分行内部设有行政办公室、计划财务部、公司业务部、电子银行部、信贷管理部等 27 个部门，全行员工 7000 多人。截至 2012 年年底，该一级分行资产余额达 2 000 亿元，各项存款余额 1 900 亿元，各项贷款余额 1 450 亿元，实现利润 21 亿元。

长期以来，该一级分行一直致力于服务地方经济、履行社会责任，积极推进自身业务发展。近年来，该一级分行坚持以客户为中心，以市场为导向，大力推进经营转型，积极创新和改进服务方式，各项业务保持了良好的发展势头。面对日益复杂多变的经济金融环境和激烈的同业竞争，该一级分行逐渐认识到人力资源，特别是绩效管理对于银行发展的重要性。

2006 年，该一级分行率先引入绩效管理理念，并请知名咨询公司帮助设计了绩效管理方案。在方案中，针对中层管理人员（省分行部室负责人及副职，二级分行负责人及副职）的考核均为可量化的业绩考核。量化的业绩考核方式，有效地解决了 A 行中层管理人员的工作目标（做什么）与标准（做到什么程度）的问题，建立了良好的激励约束机制，充分调动了该一级分行中层管理人员的工作积极性。但随之而来，"唯业绩论"也带来了考核中一系列的"搭便车"现象。

•某个分支行/业务部门的业绩受外部客观经济环境、国家宏观调控政策影响比较大，在外部环境良好、政策有利的条件下，该分支行/业务部门的业绩就好；一旦外部环境不好、政策有变，该分支行/业务部门的业绩就严重下滑。在这种情况下，个人的主观努力完全淹没到外部环境的影响下，无法体现个人能力水平和努力程度在工作中的作用。

● 少数分支行/业务部门的负责人工作能力很强，所负责的分支行/部室取得了骄人的业绩。但该分支行/部室的个别副职的工作能力与态度都较差，在基于业绩的绩效考核中，这类分支行/业务部门的个别副职就会"沾了光"，同样得到较好的绩效考核结果。相反，一些业绩不好的分支行/业务部门，由于其负责人履职不到位，即使个别副职人员工作努力，很好地履行了分管职责，也会受到整体业绩不佳的"株连"。在这种情况下，很难真正实现考核的"公平性"。

● 为了实现当期的业绩目标，个别分支行/业务部门的中层管理人员会采用牺牲分支行/业务部门长期利益的措施来达成短期的业绩目标，不利于分支行/业务部门的长期发展。

……

基于以上"唯业绩论"带来的问题，在使用干部时就会遇到这样的质疑：当调整能力不足的中层管理干部时，他们会说"部门整体业绩不错，凭什么调整我？"在提拔一些部门整体业绩不太好的中层管理干部时，又会有人说"他们部门或分支行的业绩这么差，凭什么使用他？"。面对这些问题，该一级分行于2009年请咨询公司给予了合适的解决方案。

经过访谈调研，深入了解该一级分行的战略目标以及目前存在的实际问题后，咨询公司认为：建立一种能够真实反映中层管理人员履职情况、努力程度和能力的干部评价系统，即在原有考核方案的基础上，补充建立基于胜任力的绩效管理体系，是该一级分行的当务之急。这个系统一方面为中层管理人员的调整、使用提供了依据，更重要的是通过明确其胜任标准，从而引导中层管理人员以此标准要求自己，加强学习与努力。

到目前为止，该一级分行采用咨询公司的建议和方案已持续四年（期间曾针对胜任力模型做过一次修订），在这四年中，该一级分行既解决了过去单纯绩效考核带来的一系列问题，也真正实现了中层管理人员的动态管理。

二、实施过程

（一）总体思路

咨询公司认为：组织绩效水平的高低体现在组织能力和整体业绩两个方面。相应地，对中层管理人员的绩效评价也应该来自于两个维度：能力和业绩。运用能力和业绩两个维度综合评估中层管理人员，可以在很大程度上避免因外部因素影响造成的评估结果差异，提高绩效考核的客观性和有效性。在此基础上，通过岗位调整进行中层管理人员的动态管理，也更具有说服力和公平性。据此，咨询公司提出了"一体两翼"人才评价和发展模型，具体内容如图4-9所示。

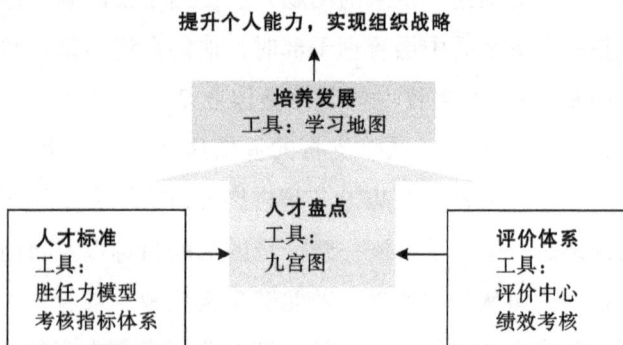

图 4-9　"一体两翼"人才评价和发展模型

当时，该一级分行针对中层管理人员已经建立了相对完善的业绩考核体系，并发挥了相当大的作用，其亟需解决的是"建立能力评价体系"，即设计基于胜任力模型的绩效管理体系以及合理的绩效结果应用方案。

（二）实施流程

基于胜任力模型的绩效管理体系的建立主要分为三个阶段：第一阶段是建立标准，第二阶段是设计方法，第三阶段是实施评估，具体内容如图4-10所示。

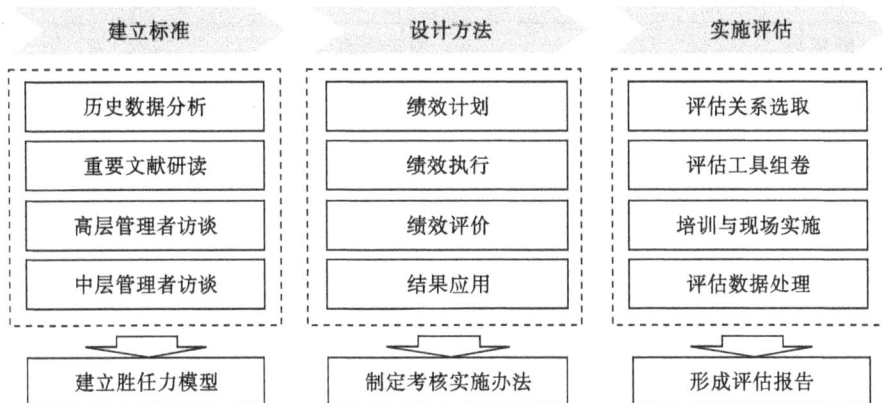

图 4-10　建立基于胜任力模型的绩效管理体系流程

第一阶段，建立标准

该阶段主要是通过资料分析和访谈调研，建立评价标准，即中层管理人员胜任力模型。该一级分行中层管理人员的胜任力模型分为前台正职、前台副职、中后台正职和中后台副职四类。四类中即有相同的维度，如作为中层管理人员均要指导和培养下属、进行团队建设等；也有不同的地方，如前台正职更强调业务开拓，而中后台正职更强调组织协调。

具体的建模流程可参见本书第一章第二节——胜任力建模方法介绍。该阶段形成的成果文件示例如表 4-9 所示。

表 4-9　某一级分行中层管理人员胜任力模型成果文件——沟通协调

胜任力		沟通协调
定义		能够通过专业知识去影响、说服他人，树立专业权威性，建立、维护、协调各种内外部关系，保证工作的顺利开展
要素	沟通影响	基于丰富的财务管理知识和业务发展实践经验，能够针对分行经营发展中遇到的问题提出自己的观点，并通过他人乐于接受的方式传达出去，赢得他人对自己想法、建议和解决方案的支持
	关系协调	能够妥善协调各种内外部关系，化解矛盾，促成相互理解，获得工作支持与配合，营造积极、有利的内外部工作环境

（续表）

胜任力		沟通协调
行为指标	胜任	• 了解同行业相关动态，主动向上级行和所在分行行长汇报财务会计管理工作 • 能够运用财务管理知识、实践经验和有效的沟通方式赢得他人对自己建议的支持 • 清晰地表达出自己对相关问题的分析，建立起专业权威性，有效影响他人
	优秀	• 能够清晰地解释财务政策、制度背后的设计原理，促进相关人员达成共识 • 遇到阻碍时不回避，能够巧妙地找到突破口，重启沟通，打破僵局，赢得信任，达成共识 • 财务管理工作遇到重大困难和阻力时，能够通过沟通协调及时获得总行和分行管理层的理解和支持，推动工作进展
	卓越	• 善于发现和创造机会来加强分行财务管理部门与其他部门的接触和理解，赢得内外部人员的信赖、支持 • 善于发现各方利益的交叉点，创造出"共赢"的解决方案 • 主动与政府及外部监管部门保持融洽的关系，争取到相应的政策、资源支持 • 搭建沟通平台，通过相关机制确保沟通渠道顺畅，以形成优秀的沟通文化

第二阶段，设计方法

设计方法阶段的主要工作有两项：第一，协助人力资源部明确基于胜任力的绩效管理体系的原则、标准、频率、评价周期等，最终形成制度文件，并下发给所有中层管理人员，其成果文件目录示例如表4-10所示；第二，通过集中培训以及一对一的沟通方式，辅导中层管理人员与下属员工进行沟通，明确绩效指标、评价标准等，最终形成基于胜任力的绩效考核表，其成果文件示例可参考本章第一节的表4-1。

表 4-10　某一级分行中层管理干部绩效管理制度示例 - 目录

目录
第一章　总则
第二章　组织管理
第三章　绩效管理的主要环节
第四章　绩效计划的制订
第五章　绩效计划的执行
第六章　绩效评估
第七章　绩效考核结果的运用
第八章　例外管理
第九章　附则

第三阶段，实施评估

本阶段主要是针对中层管理人员在考核周期内的绩效考核表（基于胜任力模型的指标体系）进行评价，统计评价结果并应用于选聘、晋升、调整、人才盘点以及人才培养等多个方面。在该阶段，主要应完成以下工作。

第一步，评价人的选取

评价人是根据该一级分行的组织结构及工作关系，在一定范围内随机抽取的，选取过程完全对被评价人保密。选取出评价人后编制《某一级分行中层管理干部 360 度评价关系图》。

第二步，问卷的制作及分类

1. 依据不同岗位中层管理人员的绩效考核表以及评价人的不同编制评价问卷：《某一级分行中层管理干部 360 度评价调查问卷》。

2. 调查问卷统一印制，需要特别注意两个问题：问卷封面上填写被评价人的姓名、部门和职务；根据每个被评价人的总评价人数制作相应数量的问卷。

3. 依据《某一级分行中层管理干部 360 度评价关系图》，形成"评价者—被评价者明细表"，确定每位评价者的所有被评价人，并按照评价人所属分支行及部门进行问卷分类。

第三步，评价的组织

1. 人员及时间安排

采用"统一集中"的方式，分组对该一级分行的下属分支行和各部门进行360度评估工作。

2. 现场组织

（1）讲解：首先给评价人讲解评价的意义、评价的流程、评价过程中的注意事项、胜任力模型维度的定义及行为描述培训等内容。

（2）问卷填写及现场辅导：对评价人填写过程中的疑问进行解答，对于不符合要求的填写给予纠正。

（3）问卷提交抽查：问卷提交时，组织者要抽查评价人的问卷，确保问卷符合要求后才能进行提交。

第四步，评价数据的处理

对评价问卷进行统计分析，形成每个被评价者的评价结果及报告，并形成所有被评价者的总体报告。

1. 数据录入：数据回收后，将数据录入到事先设计好的数据处理模板。

2. 剔除无效问卷：录入结束后检查数据，根据标准剔除无效问卷。

3. 统计相关数据：只有上级、同级、下级的评价分数参与统计，首先，分别统计被评价人在每道题目上的平均得分；其次，统计被评价人在每道题目上的加权分数；再次，统计被评价人在每个维度上的得分；最后，统计被评价人的所有维度的加权得分。

第五步，报告的形成

企业根据统计结果编制整体报告和个人报告。个人报告用于360度评价反馈，整体报告则与业绩考核结果一起，用于对中层管理人员进行动态管理。

（三）考核结果的应用

在针对该一级分行设计的基于胜任力的绩效管理体系中，咨询公司建议基于胜任力模型的绩效考核结果与基于业绩的绩效考核结果，将两部分的成绩加权作为某一岗位中层管理人员绩效考核的最终结果。

在本案例中，综合两部分绩效考核的结果，建议该一级分行将其主要应用于三个方面：干部的动态管理（人才盘点）、人才培养和绩效薪酬。

1. 应用于干部的动态管理（人才盘点），请参见本书第七章"基于胜任力模型的组织人才盘点"。

2. 应用于人才培养，请参见本书第五章"基于胜任力模型的人才培养"。

3. 应用于绩效薪酬。

应用于绩效薪酬时，在方案设计开始的前两年，计算绩效考核的总成绩时，基于胜任力模型的绩效考核成绩与基于业绩的绩效考核成绩之间的比例为4∶6；两年之后，二者之间的比例调整为3∶7。调整的目的，一方面是为了充分发挥绩效考核的指挥棒作用，体现在组织的不同发展阶段和战略影响下，对能力和业绩的要求稍有不同；另一方面，在人员能力普遍提升之后，也可以相应降低能力考核结果在绩效薪酬方面的应用。

在本案例中，绩效考核成绩、绩效系数及个人绩效薪酬的计算方法如下：

绩效考核总成绩＝基于胜任力模型的绩效考核成绩×40%＋基于业绩的绩效考核成绩×60%；

绩效系数＝绩效考核总成绩/100；

个人绩效薪酬＝个人绩效薪酬的基准值×个人绩效系数。

备注：绩效考核成绩最终均转换为百分制。

（四）实施效果

通过建立基于胜任力模型的绩效管理体系，并与原来基于业绩的绩效考核体系同时应用，不但弥补了单一业绩考核的弊端，夯实了干部动态管理机制，而且使该一级分行的业绩不断攀升。据统计，在综合运用两种绩效考核结果后，该一级分行在当地的市场占有率从 2008 年的 21.36% 提升到 2013 年的 32.56%。

而且，2013 年咨询公司为该一级分行实施完 360 度评估后，该行负责人明确表示：因分行战略发生变化，明年将再次修订和完善中层管理人员的胜任力模型，继续采用两种绩效考核体系结果综合运用的管理办法。

第三节　工具箱

一、360 度评估问卷样例

某组织中层管理人员 360 度评估问卷

填写说明：
该问卷上有多个评价条目，每个评价条目均给出了胜任力的定义和具体的行为描述。大家比较行为描述与被评价者在本年度的实际工作表现，根据问卷上 1 ~ 7 分的评价标尺选择相应的评分。
同一个人，不可能所有维度的水平均衡发展，因此，请大家打分时仔细回忆一下被评价人哪些维度比较优秀，哪些维度还有欠缺，只有把优秀和欠缺的地方反映出来才能完整地反映一个人一年以来真实的表现。这就要求：在评分时，对同一位被评价者在不同题目上的评分要体现出差异性，充分体现被评价者表现突出的和尚需改进之处。
另外，有些评价人会评价不止一位被评价者，在您评价的所有被评价者中也会存在差异。在这种情况下，请您在评价时对您评价的所有评价对象进行对比，针对一条描述评价完所有对象后再进行下一条描述的评价，这样就加强了各个被评价人之间的可比性。
请各位按照以上原则进行填写。填写完成后，我们会进行检查，如果不符合要求，会要求您重新填写。感谢您的配合与支持！

（续表）

接下来，请您从下列评估维度中选出被评价者在日常工作中表现较为优秀和相对有待提高的方面（各两个），并将与维度相对应的序号填在下面的表格中。		
表现相对优秀的维度	表现有待提高的维度	
评价标准		
1：基本不能达到描述要求　　2~3：部分能达到描述要求　　4：基本能达到描述要求（合格绩效）5~6：能达到描述要求且有时能超越描述要求　　7：经常能超越描述要求		

序号	行为描述	评价（圈出所选数值）
服务支持：在对部门工作充分了解的基础上，服务于业务发展，利用自己的专业知识全力保障业务部门工作的有效开展		
1	为业务发展着想，尽可能帮助业务部门解决业务发展中遇到的问题	1　2　3　4　5　6　7
2	为其他部门服务时注重工作效率	1　2　3　4　5　6　7
3	经常要求员工为业务发展提高工作效率	1　2　3　4　5　6　7
4	根据公司业务调整，快速转变工作方向	1　2　3　4　5　6　7
5	用专业能力去帮助业务部门进行整改，以防范各类风险的发生	1　2　3　4　5　6　7
专业能力：精通分管工作领域的相关知识，能有效解决工作中的专业性问题，并能够对下属进行专业指导		
1	精通分管工作的专业知识，能够全面、准确地指导和解答他人提出的专业性问题	1　2　3　4　5　6　7
2	在自己的专业方面是行家，不管是在指导工作或开会给大家讲解的时候，大家都很信服	1　2　3　4　5　6　7
3	善于运用掌握的专业知识解决分管工作中出现的难题	1　2　3　4　5　6　7
4	精通分管工作业务流程，能够发现业务发展中普遍存在的共性问题，并制定解决方案和长效机制	1　2　3　4　5　6　7

（续表）

序号	行为描述	评价（圈出所选数值）
敬业负责：严格要求自己，注重工作质量，关注细节，主动改善，并愿意承担责任		
1	主动对工作中的问题进行系统性提炼，找出共性并提出整改建议	1　2　3　4　5　6　7
2	出现问题时不推脱，主动承担责任，不欺上瞒下，及时采取补救措施	1　2　3　4　5　6　7
3	有明确衡量工作质量的标准，重视监督、检查下属工作	1　2　3　4　5　6　7
4	善于发现计划中的细节缺失和漏洞，引导下属关注细节的完善	1　2　3　4　5　6　7
学习总结：善于自我提升，从经验中学习提高，根据外界的反馈信息塑造自己的行为，并不断更新工作方法，使工作不断向优化的方向努力		
1	除岗位要求的知识技能外，还主动学习其他相关的知识技能，使工作能力得到明显提高	1　2　3　4　5　6　7
2	有意识地学习岗位要求的知识技能和业界先进经验，并在工作中加以实践	1　2　3　4　5　6　7
3	在工作中学习，能够从失误中吸取教训，举一反三，防患于未然	1　2　3　4　5　6　7
4	多次出现相同失误	1　2　3　4　5　6　7
沟通协调：妥善处理与上级、平级以及下级之间的关系，促成相互理解，获得支持与配合		
1	协调其他部门开展工作时，能够考虑其他部门的难处，找出合理的解决方案	1　2　3　4　5　6　7
2	与员工沟通时能够站在员工的角度考虑问题，了解员工的真实想法	1　2　3　4　5　6　7
3	推进工作时，讲究策略，对不同特点的人员采取不同的沟通方法，保证工作顺利推进	1　2　3　4　5　6　7

二、360 度评估报告样例

保密

××公司

中层管理人员 360 度评价个人报告

姓名：＿＿＿＿＿＿＿

部门：＿＿＿＿＿＿＿

北京××管理咨询有限公司

根据著名的乔哈里信息窗（见下图）来分析我们自己，可以发现我们每个人对自己的了解并不尽完整，有自己和他人都看到的部分，有仅自己了解的部分，有仅有别人知道的部分，有谁都未能发现和觉察的部分。我们可以根据他人、外部专家对我们的评价，更客观地审视自己，尽一步扩大我们对自己的认知范围（左上角区域），减少我们对自己认识的未知区域（右上角区域）。结合以往的个人发展辅导经验，建议您保持开放、吸纳的心态来阅读报告中他评内容，这样才会在未来让自己获得更长足的进步。

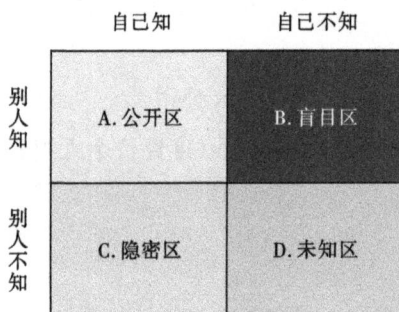

	自己知	自己不知
别人知	A. 公开区	B. 盲目区
别人不知	C. 隐密区	D. 未知区

乔哈里信息窗

1. 360 度评价是由工作中与您直接接触的人提供对您个人的评价信息，以使您更全面地认识自己。这当中可能会包含部分您平时没有刻意觉察的信息和内容，您可以借此直观地看到您的优势和劣势，以便您以后有针对性地发挥长处、改进不足。

2. 360 度评价是一种用于评估个人领导和管理技巧的方法和机制。此种评价方法包括了四种被调查对象：被评估者本人，他/她的上级、同级和下级。360 度评价有助于被评价人清楚地了解自己的管理能力和发展需要。

（一）评价结果概述

1. 参与评价人

	自评	上级评价	同级评价	下级评价
实际参与人数	1 人	6 人	15 人	10 人

2. 总分

360 度评价总得分	86.5 分
排名	第 3 名

注：360 评价总得分采用百分制；排名是指在本次 360 度评估中参与被评价的 21 位分支行行长中的位次。

3. 360 度评价结果

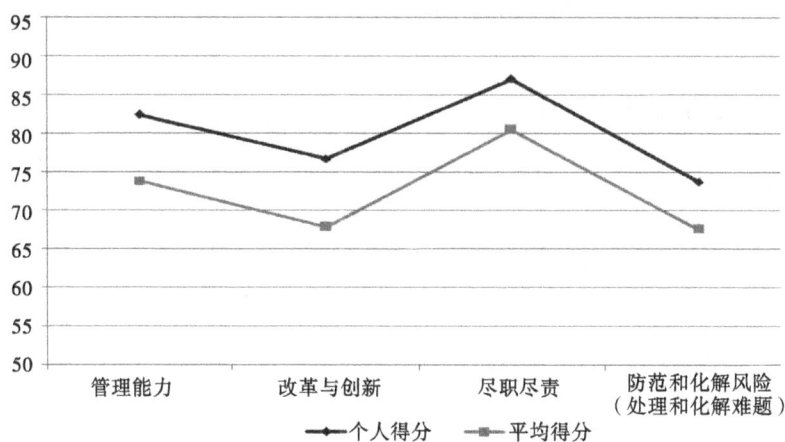

其中：个人得分是指您在被评价过程中各维度的评价得分；平均分为参与本次评价的所有被评价人在各维度上的平均得分。

（二）评价结果具体分析

	上级评分	同级评分	下级评分	自我评分	维度总分
管理能力	81	74	95	86	82
改革与创新	71	71	90	71	77

（续表）

	上级评分	同级评分	下级评分	自我评分	维度总分
尽职尽责	88	80	95	86	87
防范和化解风险 （处理和化解难题）	62	70	91	100	74
最欣赏您的方面	领导和推动 业务发展	领导和推动 业务发展	领导和推动 业务发展		
最希望您 加强的方面	尽职尽责	防范和化 解风险	改革与 创新		

注：上级、同级和下级维度总分权重分别为30%、40%和30%。

（三）各维度具体分析

序号	行为		自评	评价得分	评价差异
1	**管理能力** 不断提高下属能力，能够组建一支具有共同目标且战斗力强的分支行领导班子，同时建设和培养银行专业人才队伍，增强整个分行的凝聚力，使分行工作目标和价值观达到高度的统一		86	82	4
2	**改革与创新** 能够密切关注银行业的先进理论和实践，对其保持开放的心态，经常采用新的角度看待和解决问题，通过对各种要素的重新组合与创造性变革改进银行经营管理，并鼓励下属创新		71	77	−6
3	**尽职尽责** 将本行发展作为自身追求的目标，注重工作质量，改进工作方法，并愿意承担责任，同时注意个人职业修养和职业道德的提升		86	87	−1

（续表）

序号	行为	自评	评价得分	评价差异
4	**防范和化解风险** 面对工作中出现的各类问题，能够积极地与内外部各级相关部门进行沟通，深入思考，主动协调，找到解决问题的最终办法	100	74	<u>26</u>

注：1. 自评是指您针对每个项目进行自我评价；评价得分是指您的上级、同级、下级对您在每个项目上的评价得分，权重分别为30%、40%和30%。评价差异为您的自评分和评价得分之间的差值。

2. 标记下划线的项目为评价差异较大的项目，表明您的自我评价与别人对您的评价存在较大差异，需要您认真思考产生这种差异的原因。

您最突出的优势：改革与创新。

能够密切关注行业先进理论和实践，对其保持开放的心态，经常采用新的角度看待和解决问题，通过对各种要素的重新组合与创造性变革改进公司经营管理，并鼓励下属创新。

您最需要改进的方面：防范和化解风险。

面对工作中出现的各类问题，能够积极地与内外部各级相关部门进行沟通，深入思考，主动协调，找到解决问题的最终办法。

三、绩效辅导记录表

员工姓名		部门及职位	
辅导人		部门及职位	
发展建议：			

（续表）

存在的主要问题		下一步具体行动措施	所需相关部门、人员、资源的支持	预计完成时间
最重要/急需提升的三项绩效差距				
最重要/急需提升的三项能力发展差距				
被辅导人签字： 辅导日期：			辅导人签字： 辅导日期：	

四、绩效反馈表

姓名		职位		绩效考核等级	
上级管理者		部门		能力发展目标评价结果	
绩效目标和能力发展目标完成情况					
存在的主要问题					
绩效改进计划					
被考核人： 日期：			考核人： 日期：		

五、绩效改进计划表

员工姓名		职位		
单位		评价人		
需要改进的方面	衡量方式	行动计划	进展情况	日期
总体评语及建议（由直接上级填写）：				
对绩效改进结果的意见：	被考核人： 日期：		考核人： 日期：	

第五章 基于胜任力模型的培训体系设计

知识经济时代，人才的竞争日趋激烈，越来越多的管理者认为人才资本是企业保持竞争优势的关键因素，甚至认为人才的竞争是企业成败的关键。因此，人才培训工作越来越受到企业的重视，许多企业把人才培养作为保持核心竞争力、进行组织人才再造的重要途径。

传统的培训是以工作分析作为基础的，分析得出的范围比较狭窄，局限在知识、技能等表象上。胜任力理论出现后，企业开始应用胜任力理论，从分析一般业绩者与优秀业绩者的特征出发，将涵盖范围拓展开来，发现了以工作分析为基础的需求分析方法所不能探究、发现的一些潜在内容。而且，胜任力理论从绩效差异分析入手，使分析结论与绩效具有很好的表面效度。因此，企业可以借助这一新的理论，改进现有培训需求分析的技术与方法，进而开发与之之相适应的培训内容、培训方法和培训效果评价技术，为促进企业绩效的提升提供新的思路和方法。传统培训与基于胜任力的培训的区别如图 5-1 所示。

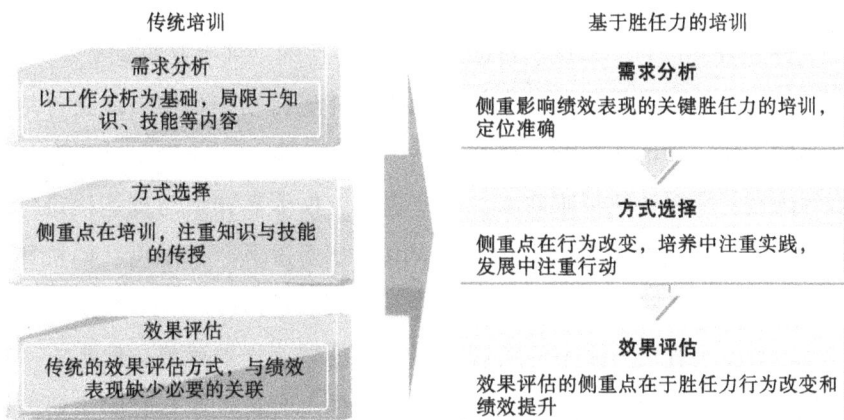

图 5-1 基于胜任力的培训与传统培训的区别

基于胜任力的培训是指将企业人力资源开发的注意力从传统的传授知识与技能层面，转移到深层、全面的胜任力提升上来的一种新模式。这种以胜任力为基点的模式，突出了培训的深层着力点，兼顾了影响组织和员工的内外环境因素，更适合系统战略背景下对大量员工开展多样化的培训设计。具体来说，基于胜任力的培训体系主要有以下几方面的优势。

（1）战略导向，基于组织发展的需要。

基于胜任力的培训体系不仅能满足企业当前岗位对胜任力的要求，而且能从战略层面上满足组织当前及今后对人力资源胜任力的要求。另外，这种以岗位胜任力为基点的培训模式，可以让员工感受到组织的支持以及更多的公平感，这两者都是组织承诺的重要因素。

（2）对能力分层分类，突出对改善绩效的关键胜任力的培养。

通过对员工胜任力的分类分层剖析，参照岗位胜任力模型，发现员工当前胜任力水平与工作岗位需求之间的差距，从而确定培训内容与方案，使其更具有针对性。

（3）员工培养方案更加个性化。

不同员工的胜任力水平各有差异，与各自岗位胜任力模型的差距自然也会不同，利用这些差距进行的人才培养更加个性化，如同定制化的培训发展服务一样，容易取得良好效果。

（4）注重动机、态度和价值观等隐性特质的培训与发展。

传统的培训主要是针对岗位知识和技能进行培训，使员工更好地胜任当前工作。知识和技能往往更容易习得和改变，而态度、动机和价值观等隐性的特质往往很难改变。研究表明，仅依靠知识与技能很难把绩效优异者与表现平平者区分开，而冰山"水面以下"的态度、动机和价值观等隐性特质对绩效优异者与表现平平者的区分效果较好。

虽然基于胜任力模型的培训体系有着比较突出的优势，但也有一些局限，这主要体现在两个方面：第一，需投入大量资源和时间来研究每个胜任力模型，这样的研究过程对于规模相对较小的企业来讲并非易事，而且如果有培养前途的员工的数量很少，投资于基于胜任力的培训则显得不够经济；第二，即使组织为这种培训与发展活动投入大量资源，若有些人没有投入足够的个人精力，则也无法随着这一学习过程而有所长进。典型情况是，在某些需要以自主方式取得学习结果时，有些人缺乏必要的自律。

因此，企业需根据自身的发展阶段和实际情况来选择是传统的培训抑或是基于胜任力的培训，具体情况如表5-1所示。

表5-1 选择传统培训抑或是基于胜任力的培训的情况

以下情况更适合使用传统培训	以下情况更适合使用基于胜任力的培训
• 组织资源有限，不足以构建胜任力模型 • 培训内容的有效期有限，或者培训目标只是短期的 • 目标培训群体很小 • 岗位对组织的成功没有战略性影响	• 组织愿意提供资源来研究并验证一个高质量的胜任力模型 • 培训内容有效期很长，足以证明用于研究及验证胜任力模型的支出是值得的 • 培训群体很大，足以证明资源支出的正确性 • 岗位及相关培训内容对组织成功具有显著的战略性影响

基于胜任力的培训是指通过对胜任力特征进行有效的培训与开发，可以使组织中的个体实现绩效的提升，以满足企业未来战略发展的需要。那么，如何构建基于胜任力的培训体系呢？本章将从技术方法、应用实例和工具箱三个方面提供相关经验。

技术方法部分：详细说明如何建立基于胜任力的培训体系，对基于胜任力的培训体系搭建的技术方法、实施步骤、注意事项等进行剖析。

应用实例部分：通过某企业的具体操作实例，进一步展示建立基于胜任力的培训体系的详细流程。

工具箱部分：汇集搭建基于胜任力的培训体系时常用的工具和模板，方便读者随时查阅、使用。

第一节　技术方法

胜任力模型是对绩优员工行为表现的归纳与提练。与传统基于岗位的培训体系不同，基于胜任力的培训是依据胜任力模型的要求，对员工承担特定职位所需的关键胜任力进行培养，提高个体和组织整体的胜任力水平，进而提高人力资源对企业战略的支持能力。

彭剑锋在《人力资源管理概论》一书中，从投入产出的角度分析了胜任力与绩效之间的驱动关系。他认为：动机、个性、自我形象、价值观、社会角色、态度以及知识与技能等都决定并作用于人的行为，以至最终驱动绩效的产生。而胜任力构成要素之间则以潜在的部分"推动"或"阻碍"表象的方式，影响胜任力作用于行为的过程乃至结果。胜任力与绩效之间的驱动关系如图5-2所示。

图5-2　胜任力与绩效之间的驱动关系

正是由于胜任力与绩效之间的驱动关系，企业如果希望通过培训提高绩效，就必须想办法通过培训的方式，让员工具备相关的胜任力。构建基于胜任力模型的培训体系，关键是先建立各关键岗位的胜任力模型，然后以此为基础来搭建企业的培训体系。胜任力模型的构建方法在本章中不再阐述，但所建立的胜任力模型需符合以下两条基本原则：第一，能否显著地对工作业绩进行区分，是否是判断一项胜任力的唯一标准，即在实际工作中，绩效表现优秀的员工与绩效表现一般的员工必须在所确认的胜任力上有明显的并且可以客观衡量的差别；第二，判断一项胜任力能否区分工作业绩时必须以客观数据为依据，任何主观判断、理论假设和过去的经验必须有客观数据的支持才能成立。

具体工作中，在建立了客观、有效的岗位胜任力模型后，就应搭建基于胜任力模型的培训体系，其具体包括进行基于胜任力的培训需求分析、培训与开发计划的制订与实施及培训效果评估等内容。

一、培训需求分析

培训需求分析是指在规划培训与开发活动之前，由培训部、主管人员、工作人员等采取各种方法和技术，对组织及其成员的绩效、胜任力水平和职业发展愿望等进行系统的鉴别与分析，以确定培训需求及培训内容的一种活动或过程。

在胜任力模型中，逻辑关系分为横向逻辑关系和纵向逻辑关系。横向逻辑关系表现了员工实际情况和组织要求之间的差距，在这个比较过程中，以胜任力模型作为参照标准，通过员工当前状况和理想状况的对比，能够比较准确并有针对性地找出培训需求；在纵向上是胜任力和行为、绩效的逻辑关系。胜任力特质往往通过一定的行为方式表现出来，一定的行为导致相应的绩效水平，这也是行为事件访谈法的理论基础。培训需求的确定不仅仅要考虑员工胜任力水平与组织要求的差距，也要充分考虑组织的内外环境，例如组织结构、成本承受能力等。

只有综合考虑员工胜任力发展需求和组织内外部环境所得到的培训需求才能真正符合组织和个人要求，并能够为培训的实施提供基础和条件。基于胜任力模型的培训需求分析如图5-3所示。

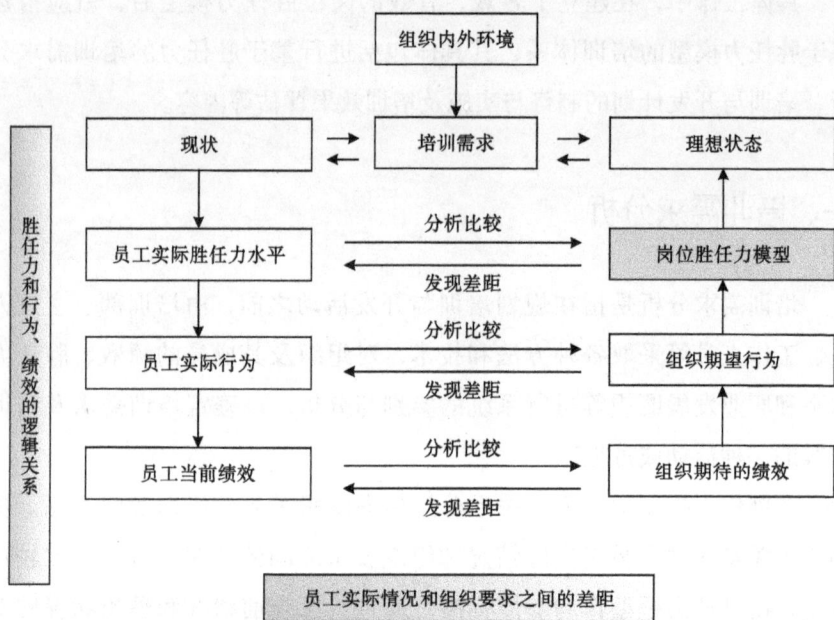

图5-3　基于胜任力模型的培训需求分析模型

（一）组织内外环境分析

组织内外环境分析是指通过对组织的目标、资源、环境等因素的分析，找出组织存在的问题，并确定是否可通过培训来解决这类问题的过程。组织内外环境分析是任务分析和人员分析的前提。组织内外环境分析的目的是在收集与分析组织绩效的基础上，确认绩效问题及其病因，寻找可能的解决办法，为培训部提供参考意见。组织内外环境分析具体操作步骤如下。

1. 组织经营分析

分析企业的经营理念、企业战略、业务战略和培训重点（知识、技能领域以及员工群体）；分析组织在哪些业务领域存在绩效未达成目标的情况，并进一步分析哪些绩效问题可以通过培训进行改善。

2. 组织文化和组织氛围分析

分析本企业文化和组织氛围对培训的支持程度。

3. 组织资源分析

分析企业目前的培训资源情况及资源瓶颈。

以上内容可通过访谈、问卷调查等调研方式进行，具体工具可参照本章第三节"工具箱"中相关内容。

（二）理想状态分析

理想状态分析是指确定胜任某岗位需要具备的知识、技能、胜任力、绩效等方面的理想水平。在基于胜任力的培训体系中，胜任力模型为胜任力培训需求分析提供了可参照的标准。例如，图5-4是某岗位的胜任力模型，可见，要想胜任该岗位，需要在决断力上达到4级水平，在问题解决、综合分析、沟通表达和责任心四项上达到3级水平，在创新能力、团队合作和成就动机三项上达到2级水平。

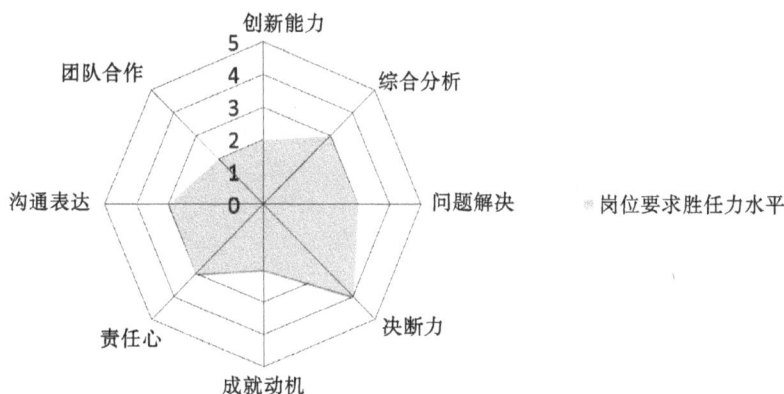

图5-4　某岗位胜任力模型

（三）人员现状分析

一般来说，员工是否需要培训主要取决于两个方面：一是员工当前胜任力水平与岗位胜任力要求是否有差距；二是员工当前胜任力水平是否能达到新的职位所提出的新要求。企业应根据理想状态分析，确定胜任某岗位需具备的理想的知识、技能、胜任力、绩效的标准，再通过分析员工当前具备的知识、技能及态度水平，两相对照找出其存在的差距。

人员现状分析主要是对员工的胜任力现状进行评估。胜任力评估是指以建立的胜任力模型为基础，用科学有效的方法测量员工在各项胜任力上的水平。具体评价方法可参照第三章———基于胜任力的人才招聘与甄选体系。

如图 5-5 所示，浅色区域表示在岗位上达成理想标准所需要具备的胜任力水平，深色区域表示当前该岗位上的员工实际具备的胜任力水平。通过对比分析可以看出，当前该岗位员工在问题解决、决断力、责任心和沟通表达四个胜任力上与理想标准存在差距，需要进一步提高，应重点予以关注。

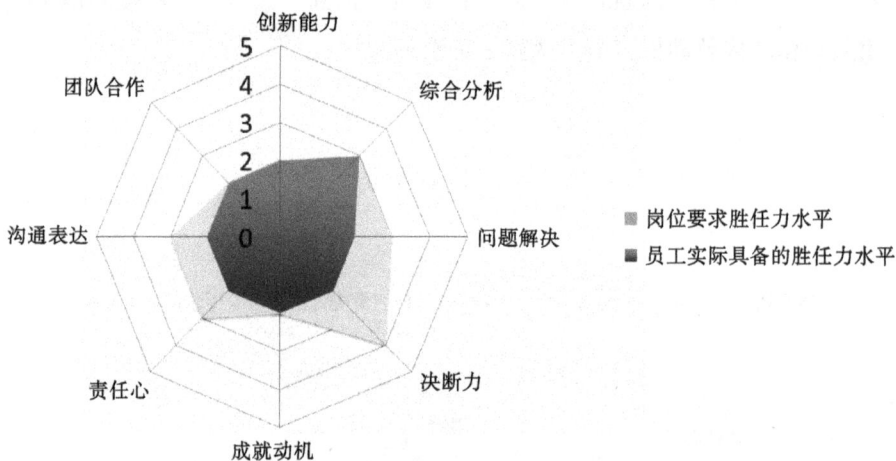

图 5-5　某岗位培训需求分析

二、培训与开发计划的制订与实施

找到员工现实胜任力水平与胜任力模型之间的差距后，管理人员就应据此制订适当的培训与发展计划，以弥补员工的这些能力缺口。

（一）重要性 – 可塑性分析

在制订培训计划之前，企业应该进一步分析差距产生的原因，因为并不是所有的胜任力差距都可以通过培训的方式得以消除。例如，在图 5-5 的例子中，员工在决断力、问题解决、责任心和沟通表达上都与理想标准存在一定差距，但相对来说责任心较难通过培训来改变，企业应在选拔时予以重点关注。因此，在制订培训计划之前，针对能力缺口，企业首先需要判断哪些差距是可以通过培训进行改善的，哪些差距是无法通过培训改善的。此项工作可通过重要性 – 可塑性矩阵来分析完成。重要性 – 可塑性矩阵如图 5-6 所示。

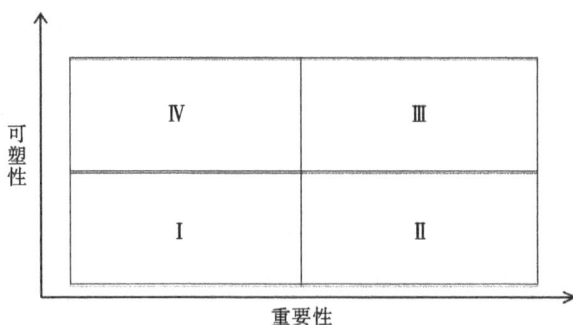

图 5-6　重要性 – 可塑性矩阵

重要性 – 可塑性矩阵是基于胜任力培训方式选择的重要工具。象限Ⅰ中的胜任力重要性低、可塑性低，因此以自我提升、自我学习为主；象限Ⅱ中的胜任力重要性高、可塑性低，很难通过培训提高但又重要，故需要在选拔时重点考察；象限Ⅲ中的胜任力重要性高且可塑性高，应作为重点培养的能力，选取最好的师资，开展集中、高强度、强迫性的培训，并辅以其他培养手段，加速能力提升；象限Ⅳ中的胜任力重要性低、可塑性高，在组织内部应开展具有针对性的小规模内训。

（二）培训课程体系搭建及培训课程开发

培训课程体系是培训体系中极其重要的一个子系统，是企业为达到培训目的所可以提供的全部课程资源。基于胜任力的培训课程体系的搭建主要包括以下几个步骤。

1. 逐层分解岗位胜任力

企业应通过重要性-可塑性矩阵分析，选取需要进行培训的胜任力，将每个岗位的胜任力进一步细分，深入剖析各胜任要素的内涵、外延、行为特征、行为案例，将之分解为不可再分的"最小单元"，然后将最小单元进行汇总、归类、合并、归纳、总结提炼，随后，结合各岗位在各胜任要素上的侧重点差异，分别设计对应的课程目录，最终完成基于胜任力模型的培训课程体系。例如，针对分析判断这一胜任力，可根据其构成要素，细分成信息收集、逻辑思维、有效判断和问题解决四个单元，分别设计培训课程，然后按照不同岗位的不同侧重点，选取针对性的课程进行培训。

按照这种方法建立的培训课程体系（见表5-2），其每一个课程都是相互独立的，课程之间可按照需要进行灵活组合。

表5-2　培训课程组合与培训项目示意图

课程1	课程2	课程3	课程4	课程5	课程6	课程7
单元1	单元1	单元1	单元1	单元1	单元1	单元1
单元2	单元2	单元2	单元2	单元2	单元2	单元2
单元3	单元3	单元3	单元3	单元3		单元3
	单元4		单元4			单元4
	培训项目1					
	培训项目2					
			培训项目3			

2. 将培训课程进行分层分类

企业应依据不同发展阶段在同一胜任力上不同层级的培训需要，对课程进行合理的分布与组合，梳理课程间的逻辑关系，形成分层、分类的课程体系，随后，根据"深度梯度法"，将培训项目按一个个台阶，选择几个由浅到深的不同课程对学员分步实施培训，通过边培训、边实践、边提高的学习过程，逐步完成一个个台阶的学习任务，达到某一深度的专业水平。团队合作在四个层级上的行为表现如图5-7所示。企业可据此设计不同层级的团队合作课程内容，具体内容如图5-8所示。

一级	二级	三级	四级
·准确理解团队的任务分工以及自己的任务内容 ·能够按时完成自己的工作，不拖累团队的工作进度 ·显示出对团队其他成员的尊重，合群，能努力融入到团队之中 ·通过实际行动支持团队的决定 ·在完成自己任务的前提下，对其他团队成员提供帮助	·与团队成员就工作进行讨论，在团队决策时提出自己的建议及理由，尊重上级作出的决定 ·随时告知其他成员有关团队活动、个人行动的重要事件，共享有关信息 ·认识到团队成员的不同特点，并且把它作为可以接触、了解和学习各种知识、信息的机会	·根据工作需要组建小型团队，并在团队中营造开放、包容和相互支持的气氛 ·采用各种方式提高团队的士气和工作效率 ·明确有碍于达成团队目标的因素，并试图排除这些障碍 ·在团队内部进行知识和信息的交流和共享	·根据公司战略目标来确定团队建设的目标 ·确保团队成员之间能力和知识的互补 ·为团队争取所需要的各种资源 ·使团队成员接受团队设定的使命和目标 ·通过团队内恰当的竞争提高团队的整体绩效

图5-7　团队合作四个层级的行为指标

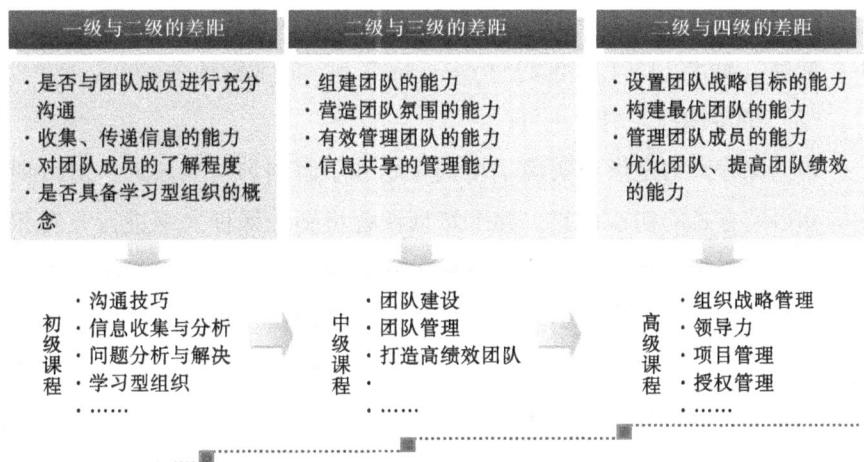

图5-8　阶梯式培训课程设计

3. 培训课程开发

基于胜任力模型的培训课程开发分为以下步骤：确定课程目标、撰写培训课程大纲、设计课程流程、培训课件制作、培训师手册及学员手册编写。

（1）确定培训目标

培训目标是对某一个或几个培训需求要点的细化，它反映了组织对该培训项目的基本意图与期望。培训目标要明确、具体地阐述清楚学员在接受培训后，能够做什么、在什么条件下做以及做到什么程度。

培训目标是确定培训内容与培训方法的基本依据，相关培训人员要基于既定的目标去准备必要的培训素材，选择相应的培训方式，避免罗列一些看似相关但其实价值不大的培训内容。同时，培训目标也是对培训效果进行评估的主要依据。相应的评估指标是基于培训目标得出的，如果没有明确、客观的依据可循，会导致培训效果评估流于形式。

培训目标主要包括三个部分：行为目标、环境条件和标准。行为目标是指学员在参加完培训后可以完成的任务或具体的行为表现。环境条件是指行为目标展现的环境，即在什么条件下做。标准是指学员展现行为的程度，即组织可以接受的业绩标准。培训目标撰写模板示例如下：

培训后，参选者（在条件 1 下）、（在条件 2 下）……（在条件 N 下）能够（标准 1）、（标准 2）……（标准 N）的（做什么）。

（2）撰写课程大纲

培训课程大纲是指在明确了培训主题和了解培训对象之后，对培训内容和培训方式的初步设想。整个培训课程将围绕课程大纲进行充实和延伸。培训者需要基于培训课程目标，研究相关胜任力及行为特征的框架，按照胜任力行为特征的逻辑顺序来设计培训课程大纲。培训课程大纲的具体内容包括两部分：一是培训课程所包括的主要内容，以及内容单元的划分；二是每一部分课程内容的授课方式。

（3）设计课程流程

在制定了培训课程大纲之后，要根据大纲确定培训内容之间的逻辑顺序，并根据各项内容所需的培训时间制定课程时间表。

（4）制作培训课件

制作培训课件的目的是让培训师在培训过程中能够系统地演绎所要传授的内容。培训课件必须和培训课程大纲紧密衔接，培训项目设计者需要找出所制作的课件和课程大纲的对应关系，根据大纲需要将课件有序组织起来。

（5）编写培训师手册及学员手册

培训师手册是培训师在授课时的顺序、内容、方法的指引，其内容就是按照培训课程大纲、课程流程和培训课件，对培训师在进行每一部分培训内容讲解时所需要进行的步骤、需要表达的内容、需要运用的课件和需要使用的课程用具进行详细明确的表达。

培训项目设计者还需要基于培训课程流程和培训课件来设计学员手册。学员手册是提供给参训者使用的材料，学员可以通过学员手册熟悉培训课程的整体框架。学员手册一般包括学习目标、学习主要课题及课程大纲等内容。

（三）培训方式选择

基于胜任力的培训与开发更加关注胜任力冰山结构图中水下深层的胜任特质，例如动机、价值观、行为方式等。基于胜任力的培训应当注重实践，少讲理论，多讲案例和进行实际操作。企业应根据培训目标和培训内容，在条件许可的情况下确定培训方式。常用的培训方式有知识讲授、案例研究、小组讨论、演示与模仿、体验式培训、拓展训练和情景模拟等。各培训方式的效果分析如图5-9所示。

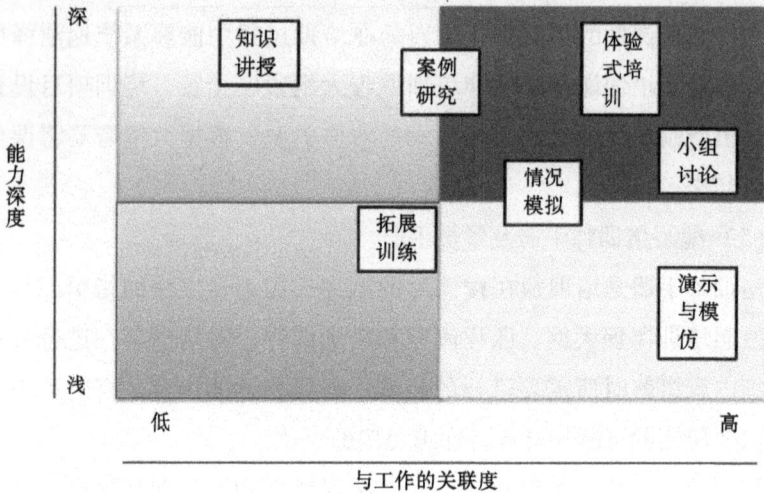

图 5-9　培训方式的效果分析

三、培训效果评估

　　培训效果评估是指在培训完成后，采用一定的形式，把培训的效果运用定性或定量的方式表达出来。进行培训效果评估的目的在于确定培训结果是否达到了组织的预期目标，了解员工对培训的满意度、学员实际工作中对培训中涉及的技能知识的运用成效，进一步了解公司的投资回报率、获利率，并凭借评估结果对培训方案进行相应的修正和改善。

　　培训效果评估是整个培训体系中不可或缺的组成部分。培训效果评估的方法主要有柯氏模型和成本受益法等。其中，柯氏模型比较适合基于胜任力的培训体系。柯氏模型是由威斯康星大学（Wisconsin University）的柯当纳（Donald L. Kirkpatrick）教授提出来的，是从"反应""学习""行为""结果"四个方面对培养成果进行系统的评估，具体内容如图 5-10 所示。

反应	学习	行为	结果
◆评估被培训者的满意程度 ◆包括对讲师和培训课程、设施、方法、内容等方面的看法 ◆一般采用问卷法进行评估	◆测量受训人员对知识、技能、态度等培训内容的理解和掌握程度 ◆可以采用笔试、实际操作和工作模拟等方法来考查	◆由受训人员的上级、同事、下属或者客户观察他们的行为在培训前后是否发生变化 ◆可以通过360度评估表来测量	◆判断培训是否能给企业的经营成果带来贡献 ◆可能通过一系列指标来衡量，如销售业绩，生产效率等

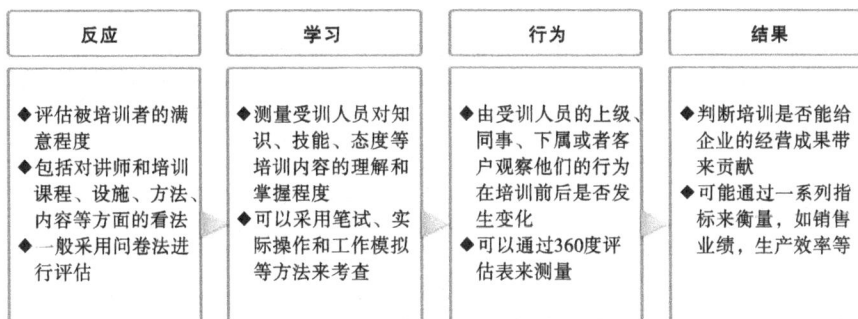

图 5-10　柯氏四级培训评估

柯氏模型的关键之处在于"系统"地将培训结果的评估分为四个层次：通过反应层次评估来对培训的组织和实施以及培训本身的质量进行评估；通过学习层次评估来评价学员对培训内容的掌握情况；通过行为层次评估来检验培训给学员带来的行为上的改变；通过结果层次评估来看培训是否使学员和组织的工作绩效得到提升。四个层次的递进关系明显，评估的复杂程度也越来越深。因此，在选用柯氏模型时要弄清本次培训与实现企业目标之间的关系，从而决定效果评估是选用反应层、学习层、行为层还是结果层。

（一）反应层次的评估

反应层次的评估是指在培训结束后，评估培训学员对培训的主观感受。反应层次的评估比较容易进行，信息获取最为容易，是最基本、最普遍的评估方式。这个层次的评估所关注的是学员对培训及其有效性的知觉。

反应层次的评估包括对培训组织实施、培训后勤支持等两个方面的评估。具体评估内容如表5-3所示。

表5-3　柯氏模型学员反应层次的评估内容

培训组织实施	培训后勤支持
1. 培训目标是否合理明确 2. 培训内容是否实用 3. 培训教材是否完善 4. 培训方法是否合适、有效 5. 培训师是否具备相应的教学水平、教学态度和教学方法 6. 培训时间进度安排是否合理	1. 培训的整个过程是否有条不紊 2. 培训环境是否满足培训的要求 3. 其他培训后勤支持是否及时、满意

反应层次的评估步骤及方法如下所示。

步骤一，即时评估。

评估方式：调查问卷。

具体操作方法：在培训结束之后，由培训助理发放培训评估问卷，就学员对培训的各方面进行问卷调查，然后由培训助理对问卷进行回收；也可由培训信息管理人员将培训评估问卷通过电子邮件的形式发放给各个学员，要求学员填写完后回寄给培训助理；通常，电子邮件的发放方式的回收率要低于现场发放、回收问卷。

步骤二，后续调研。

评估方式：小组座谈。

具体操作方法：在问卷调查结束之后，从学员中随机挑选一部分进行小组座谈，听取他们对该培训项目各方面的意见和建议。

步骤三，完成评估报告。

方式：数据信息分析。

具体操作方法：对上述评估步骤进行定量和定性分析，将培训评估问卷的信息输入统计软件，对培训课程的各个方面进行统计分析；之后，对小组座谈获得的信息进行定性分析；对定性分析和定量分析结果进行整合，撰写培训效果评估报告。

（二）学习层次的评估

学习层次的评估是用来检验学员对培训所授的知识、技能和态度的掌握程度，即学员是否掌握了培训目标中要求他们学会的东西。这一层次的评估是通过对学员培训前后知识、技能、态度的水平进行比较，以此来确定其培训的收获。这一层次的评估结果还不能显示学员是否能将学到的内容应用到工作中，但它是未来工作中行为改进的基础。

学习层次的评估主要包括对三类学习成果——知识、技能和态度的评估。因为这三类评估内容的特点不同，所以组织需要采用不同的方法进行评估。

1. 对知识掌握程度的评估

企业应通过笔试、计算机考试或口试等形式来考查受训学员对培训知识的掌握程度，考试形式可根据具体的培训内容进行灵活选择。知识类测试问题可按照以下标准检验合格与否：

➤ 是否需要进行测试？

➤ 所用的测试形式和类别正确吗？

➤ 所提问题必须表述简洁、内容扼要、直截了当、语意清晰。

➤ 这些问题：

——每个问题的中心只有一个吗？

——问题的提问方式会对回答产生影响吗？

——避免了反证吗？

——对回答者进行引导了吗？

➤ 问题的提问顺序是否符合逻辑？

➤ 问题之间是否互相影响？

2. 对技能掌握程度的评估

由于技能的掌握相对于知识更强调其操作性，即"是否会做"，而不是只"知道如何做"，因此可以通过工作模拟法和自我评价法来评估技能的提高。其中，比较具体的技能可通过工作模拟法来进行实际操作测试；对于一些难通过工作模拟法进行评估的技能，可以采用一种主观评价的方式，由学员自我打分评价，得到的评估结果是学员个人对自己某方面技能在培训前后的改变而作出的主观评价。

常见的工作模拟法包括角色扮演、案例分析、管理游戏、评价中心等，企业需要根据评估的具体技能的特点决定采取何种方法。例如，管理技能的培训可以用管理游戏的方式进行评估，谈判技巧的培训可以用角色扮演的方式进行评估，团队协调能力则可以用评价中心进行评估。选择评估方法时要同时兼顾培训项目可以在这些模拟活动中投入多少时间和精力。如果培训项目时间紧、内容多，可以选择角色扮演、案例分析等较为快捷的方法进行评估；如果培训项目周期较长，有较为充足的时间进行模拟活动，那么可以选择管理游戏和评价中心等较为复杂的方法来进行更为精确的评估。

运用自我评估法进行培训效果评估的操作过程如下：在培训开始前，由培训助理发放培训自我评估量表，针对将要培训的技能，学员就其现有水平进行自我评价。之后，由培训助理回收量表，并进行统计和备案。在培训结束后，要求学员即时再填写一份培训自我评估量表，由学员自己评价在接受培训后对该项技能的掌握水平。最后，由培训助理将培训前的初始评估与培训后的二次评估进行比较，分析了解培训对学员技能水平的影响，并撰写培训效果评估报告。

3. 对态度改变的评估

态度方面的培训主要是针对学员对某一事项的认知、看法和倾向性而进行的。这是一个较为模糊的概念，并不容易捕捉此类培训带来的变化，需要由学员主动表现出自己的转变。因此，对于态度方面的培训，可以采用自我评估和心得报告相结合的方式进行培训效果评估。

（三）行为层次的评估

行为层次的评估是指了解员工经过培训，是否在实际的工作中运用了从培训中学到的东西，工作行为是否发生改变，即学员结束培训回到工作岗位上一段时间后（通常是三到六个月，主要依据为某项行为改变通常需要的时间），他的工作表现是否得到了提高或达到新的要求标准。

由于员工行为的改变才是培训的直接目的，因此这一层次的评估结果可以直接反映培训的实际效果，也是企业高层和直接主管更加关心的，是培训效果评估中的一项重要内容。较为普及且便于使用的行为评估方法有行为评价量表法和行动计划法，企业可以选择任意一种方式实行评估，也可以将两种方法结合使用。

1. 行为评价量表法

行为评价量表是行为层次评估中最常使用的工具。行为评价量表法是指由相关人员对学员在培训开始前和培训结束后一段时间的工作行为表现进行评价，通过分析评分差异来判断学员在培训后是否采取了相应的行动。

基于胜任力的培训体系在进行行为层次的评估时有着天然的优势，可充分利用胜任力模型中的行为指标形成行为评价量表。"团队管理行为评价量表"如表5-4所示。

表5-4　团队管理行为评价量表

评价标准		
1：基本不能达到描述要求　　2~3：部分能达到描述要求　　4：基本能达到描述要求（合格绩效）		
5~6：能达到描述要求且有时能超越描述要求　　7：经常能超越描述要求		
团队管理：注重下属能力的提升，增强分管团队的凝聚力，充分调动员工的积极性和创造性，形成一支有战斗力的团队		
1	善于发现和利用下属的特长，尊重下属的个性，通过多种手段激发和维持其工作热情，提升其工作效率	1　2　3　4　5　6　7
2	能够举荐有能力的员工，给员工创造晋升的机会	1　2　3　4　5　6　7
3	工作中能够给下属足够的指导，让下属意识到怎么去改进自己的工作	1　2　3　4　5　6　7
4	工作中善于鼓舞大家的士气，调动员工的积极性	1　2　3　4　5　6　7

2. 行动计划法

行动计划是指学员为了将培训中所学到的内容转化到工作中，而作出的具体安排和承诺。行动计划有助于帮助培训师评估学员在多大程度上将其在培训中所学运用到工作中去。学员在培训期间制订的行动计划，包括完成与培训有关的特定目标的具体步骤，以及完成的截止时间。结束时，行动计划可以给学员和培训实施者提供以下信息，这些信息将帮助他们掌握培训效果。

——培训后实现了哪些工作上的改进？

——工作的改进与培训有关吗？

——是什么因素阻碍学员无法完成特定的行动计划？

（四）结果层次的评估

结果层次的评估主要是测评培训的效益性，即培训是否改善了组织绩效。这一层次的评估反映了培训对组织的影响，体现了企业培训的最终目的，是企业最重要的培训效果，也是企业高层管理者最关心、最具说服力的评价指标，但同时也是最难评估的部分。需要注意的是，这一层次的评估的侧重点是培训为组织带来的益处，而不是培训本身是否有效。

结果层次的评估主要是评估学员培训后行为改变的具体结果，即对培训之后的员工工作业绩以及员工所在机构的整体工作业绩进行测量、分析和判断，确定培训带来的效果。其具体可表现为以下几点。

1. 考察收益指标的变化

收益指标的变化内容包括时间节约、成本降低、产出增加、质量提高、顾客满意度提高、投诉率下降、员工流动率降低等。收益指标举例以及指标改变与培训项目的相关性如表 5-5 所示。

表5-5　收益指标的变化

收益指标	相关培训内容（例）	指标改变（具体结果）
时间	针对以前的工作程序设计了更有效的工作程序并对学员进行培训	学员在工作中严格遵循高效的操作程序，导致操作流程时间缩短
成本	个人技能培训、人际关系培训、工作效率培训	出勤率提高或员工高流动率降低，导致成本下降
产品或服务的数量	管理技能培训、项目管理培训、团队发展培训、问题解决能力培训	同等条件下，产量、销量或服务量增长
产品或服务的质量	人员技能发展培训、质量检查方法培训	顾客满意度提高、投诉率下降、外界对公司的评价提高

2. 考察培训成本

为了更准确地评估培训效果，企业管理者和培训管理者也需要了解所获得的收益是建立在多大的投入规模上的。因此，企业需要进行培训成本分析，掌握与培训有关的耗费。培训成本分析的具体方法是：以培训过程为主线，结合会计账目，分别列出培训的不同阶段（培训需求分析、培训设计开发、培训实施、培训效果评估）所需的人员、设施、材料等成本。这样不仅可以比较不同培训项目总成本的差异，还可以比较培训过程中不同阶段成本占比的合理性。

对于这些对收益指标和培训成本的分析，企业需要有大量、完整的历史数据积累，这样才能真正从分析中获得科学的依据。当今的企业中，很少有能够成功地对组织的绩效层面进行完整的效果分析的，较为常见的做法是企业经过多年积累，对其中的几个方面进行效果分析，但这依然可以为企业带来很大的价值。

第二节 应用实例

一、背景信息

G 银行是国内某大型国有商业银行，总部设于北京，其业务范围涵盖商业银行、投资银行、保险和航空租赁等领域，旗下有多家控股金融机构，在全球范围内为个人和公司客户提供金融服务。G 银行主要经营商业银行业务，包括公司金融业务、个人金融业务和金融市场业务等多项业务。2013 年 7 月，英国《银行家》（*The Banker*）杂志公布了 2013 年"全球 1000 家大银行"排名，G 银行位居前十行列。

G 银行在注重业务发展的同时，一直致力于人力资源管理的改革，其在 2004 年股份制改革上市后，率先引入胜任力的概念，建立起基于胜任力的人才甄选与招聘体系，不断优化人才队伍，取得了业内有目共睹的成果。为满足人才培养的需求，G 银行进一步基于总行、一级行、二级行关键岗位胜任力模型，建立了分层级、分序列的培训培训体系。

G 银行共有基层网点 1 万余家，网点负责人 2 万余人，在 G 银行的人才体系中占有重要位置。以网点转型为契机，为加大对网点负责人的培养，G 银行欲建立网点负责人胜任力模型，构建基于胜任力模型的网点负责人培训体系。

二、基于胜任力的培训体系搭建

（一）胜任力建模

建模初期，G 银行项目组首先针对网点负责人的职位胜任力模型建设需求，广泛收集自 2004 年至 2011 年间国内外商业银行胜任力模型建设及网点负责人角色与胜任力研究等内容的中英文文献70余篇，进而研究梳理总结出该职位对应的角色定位、岗位职责、任职资格与胜任力。

然后，G银行运用行为事件访谈法建立胜任力模型，在访谈90余名网点负责人（包括60余名绩效优秀和30余名绩效一般的网点负责人）和40余名网点负责人上级、同级的基础上，经过编码分析统计，建立了G银行网点负责人胜任力模型（见表5-6）。

表5-6 G银行网点负责人胜任力模型

维度	胜任力	维度	胜任力
战略管理	战略贯彻	团队建设	人才培养
驾驭能力	计划组织		员工激励
	沟通协调	客户导向	客户服务
执行创新	市场拓展		客户营销
	内控管理	自身修养	以身作则
	学习创新		压力管理
	结果导向		

G银行通过问卷调查法和行为验证法对网点负责人胜任力模型进行了验证。数据结果表明（见表5-7），模型中的各项胜任力与绩效相关关系显著，说明所建立的模型能够准确区分出绩效优秀和绩效一般的网点负责人。

表5-7 模型有效性分析

		维度汇总分	整体评价分	绩效
维度汇总分	Pearson相关系数	1	.941***	.651***
	显著性（双侧）		.000	.000
	N	55	55	55
整体评价分	Pearson相关	.941***	1	.724***
	显著性（双侧）	.000		.000
	N	55	55	55

（续表）

		维度汇总分	整体评价分	绩效
绩效	Pearson 相关系数	.651***	.724***	1
	显著性（双侧）	.000	.000	
	N	55	55	55

注：Pearson 相关系数右上角的"***"代表了相关系数在 0.001 水平是显著的，即胜任力和绩效之间不相关的可能性小于0.1%。

（二）培训需求分析

由于网点负责人的人群基数较大（超过 2 万人），在胜任力缺口上存在着很大的差异性，因此，G 银行项目组将工作重点放在搭建培训体系、完善培训课程上，而不是逐项地分析每个人的胜任力缺口。此部分工作可在后续进行具体培训实施时进行。

（三）培训计划制订与实施

1. 重要性—可塑性分析

为了更好地将胜任力模型应用于网点负责人培训，G 银行项目开发组对胜任力模型中各项胜任力的重要性和可塑性进行了分析，具体内容如图 5-11 所示。

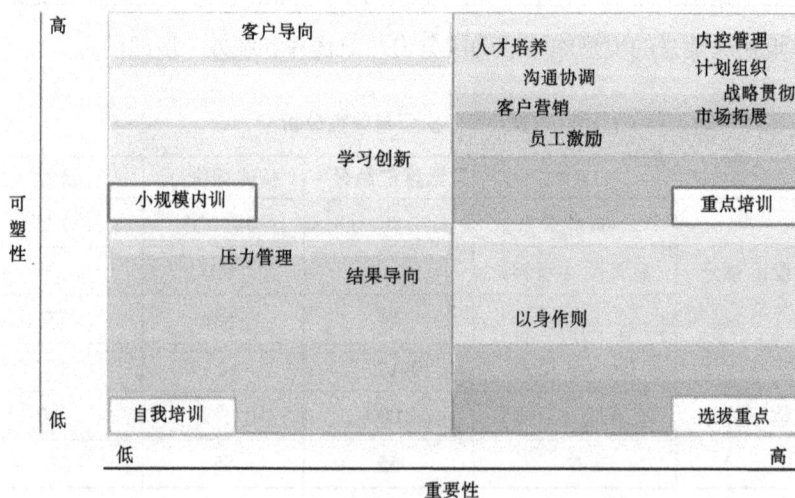

图 5-11　网点负责人胜任力模型的重要性—可塑性分析

对于以身作则等重要性高，但可塑性低的胜任力，应在网点负责人选拔时重点关注和考察，不建议培训。对于结果导向等重要性较低，可塑性也较低的胜任力，应要求现任网点负责人或网点负责人后备人才进行自我培训，而不建议由行内组织统一的培训。对于重要性相对低，但可塑性较高的胜任力等，应根据各地区所辖网点的实际情况，针对个别胜任力和个别人员开展小规模的内训。对于重要性高，并且可塑性高的八项核心胜任力，例如人才培养、员工激励等，应成为网点负责人培训的重点。

为了使分析更为准确，G银行项目组设计了胜任力重要性调查问卷，对模型中胜任力的重要性进行了统计分析，得出胜任力的重要性排序，并结合可塑性分析，得出本项目重点要培训的胜任力，具体内容如表5-8所示。

表5-8 网点负责人培训体系框架

分类	胜任力		重要性排序	可塑性
重点培训	战略管理	战略贯彻	1	高
	驾驭能力	沟通协调	5	高
		计划组织	2	高
	执行与创新	市场拓展	3	高
		内控管理	4	高
	队伍建设	人才培养	10	高
		员工激励	6	高
	客户服务	客户营销	7	高
小规模内训	执行与创新	学习创新	9	中
	客户服务	客户服务	12	中
自我培训	执行与创新	结果导向	11	低
	自我修养	压力管理	13	低
选拔重点（不需培训）	自我修养	以身作则	8	低

基于上述分析，G 银行项目开发组重点选取了战略贯彻、计划组织、客户营销、市场拓展、员工激励、内控管理、人才培养和沟通协调八项胜任力作为培训课程开发的重点。

2. 分层级的培训课程体系设计

得出需要进行重点培训的胜任力后，为了使培训更加具有层次性，以满足不同人群的需求，G 银行项目开发组将网点分为大型网点、中型网点、潜力网点和一般网点四类，并分析网点规模对负责人在胜任力上的要求是否有所不同。通过对编码数据进行差异检验得到，大/中型网点的负责人在员工激励、沟通协调和计划组织三个维度上的编码次数，显著的高于潜力/一般网点的负责人。这说明潜力/一般网点的负责人与大/中型网点的负责人在这三个方面的胜任力要求上存在差异，培训时，需要重点在这几个维度上进行分层培训。

分层设计如图 5-12 所示：第一层级是针对所有网点负责人的基础共有课程；第二层级是针对潜力型网点与一般网点负责人的基础班课程；第三层级则是针对大/中型网点负责人的提高班课程。

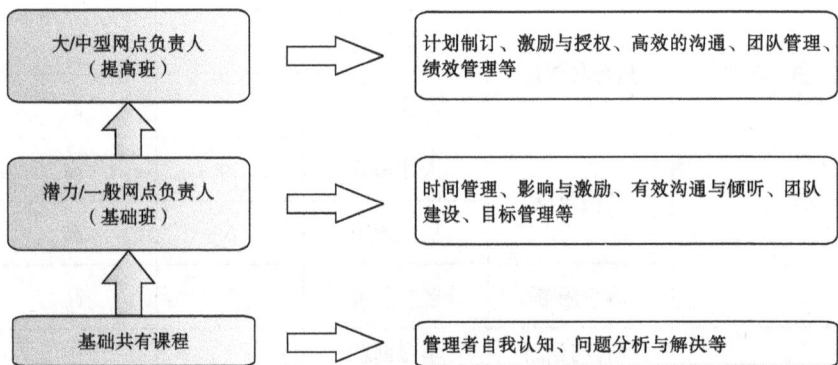

图 5-12　分层级的培训课程

每个层级的课程设置及针对的胜任力如表 5-9 和表 5-10 所示。

表5-9　基础共有课程设置

课程名称	课程内容	针对胜任力
管理者自我认知	◇ 分析学员的性格、领导风格和学习风格 ◇ 帮助学员认清自己的特性及管理特征 ◇ 加强自我完善意识	——
问题分析与解决	树立理性思考的意识与习惯，掌握多种问题分析的方法和思路，学会采用灵活的办法创新性地解决问题	战略贯彻、内控管理、学习创新
内控管理	◇ 掌握银行内控管理的相关规范 ◇ 银行内控管理的常见问题及解决办法	内控管理
市场拓展	◇ 了解宏观市场走势及国家相应政策 ◇ 掌握市场运作规律及发展方向 ◇ 市场拓展方向及常见问题解析	市场拓展
客户营销	◇ 客户沟通技巧 ◇ 客户营销的常见问题及解决办法 ◇ 网点负责人客户营销误区	客户营销

表5-10　基础班及提高班课程设置

潜力/一般网点负责人（基础班）		大/中型网点负责人（提高班）		针对胜任力
课程名称	课程内容	课程名称	课程内容	
时间管理	◇ 时间管理的基本方法 ◇ 有效地处理网点内控管理和业务营销的时间分配 ◇ 制定科学的工作时间表	计划制订	◇ 高效率的时间管理原则 ◇ 分清轻重缓急 ◇ 合理分配在业务、本网点及下属网点管理上投入的精力	计划组织、内控管理、学习创新

（续表）

潜力/一般网点负责人（基础班）		大/中型网点负责人（提高班）		针对胜任力
课程名称	课程内容	课程名称	课程内容	
影响与激励	◇ 如何获得权威 ◇ 影响他人的有效方法 ◇ 团队激励的原则、方法 ◇ 如何激发员工的工作热情	激励与授权	◇ 有针对性地选取激励策略 ◇ 团队的不同发展阶段不同的激励措施 ◇ 有效的激励方案制定方法 ◇ 对员工合理授权	沟通协调、员工激励、人才培养
有效沟通与倾听	◇ 有效的自我表达 ◇ 沟通反馈技巧 ◇ 处理网点日常客户投诉 ◇ 掌握与客户沟通的技巧 ◇ 提高客户营销能力	高效沟通	◇ 理解复杂的人际关系 ◇ 掌握处理人际冲突的方法 ◇ 识别焦点事件与敏感事件 ◇ 掌握与不同类型客户沟通的技巧	沟通协调、客户营销、市场拓展
……	……	……	……	……

3. 培训课程开发

设计好培训课程架构后，项目组人员按照确定课程目标、撰写培训课程大纲、设计课程流程、培训课件制作、培训师手册及学员手册编写的步骤来进行课程开发，并为每一门课程匹配相应的师资资源。

（四）培训实施及培训效果评估

基于胜任力的网点负责人培训体系搭建完成后，G银行培训管理人员每年定期举办培训班。为了准确测量网点负责人的实际胜任力水平，G行邀请国内某著名咨询公司研发了G行网点负责人胜任力模型测评系统。参加培训班之前，网点负责人通过该测评系统对自身当前实际具备的胜任力水平进行测评,确定胜任缺口,有针对性地参加培训课程。例如,某中型网点负责人培训前实际具备的胜任力水平如图 5-13 所示。

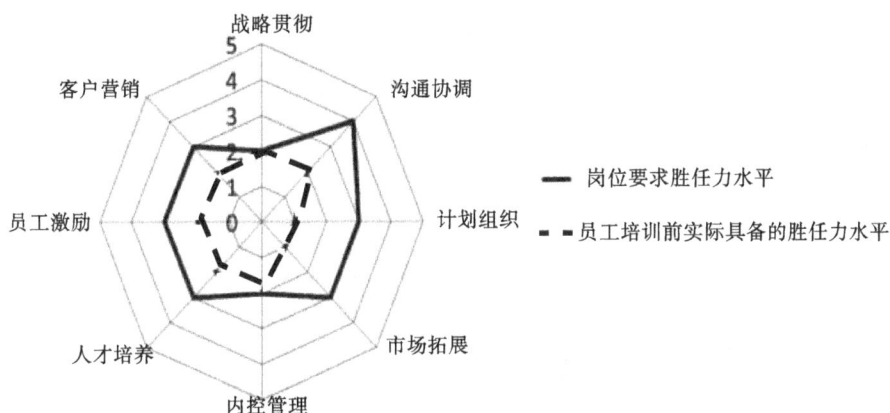

图5-13 某网点负责人现有胜任力水平与岗位要求水平对比

由图 5-13 可见,其只在战略贯彻和内控管理两项上达到了职位所期望的标准,其他六项胜任力均需要进一步提升,尤其是在沟通协调、计划组织和市场拓展三项上,存在比较大的差距,亟待提升。接下来该网点负责人选取了基础课程中的市场拓展、客户营销两门课程以及提高班中的计划制订、高效沟通两门课程,共计四门课程进行培训。

因该网点负责人所选取的培训课程更加注重在实际能力上的提高所带来的行为改变,所以其培训效果评估宜采取行为评估方法。在培训结束一个月后,该网点负责人再次通过胜任力测评系统进行培训后评估,结果如图 5-14 所示。

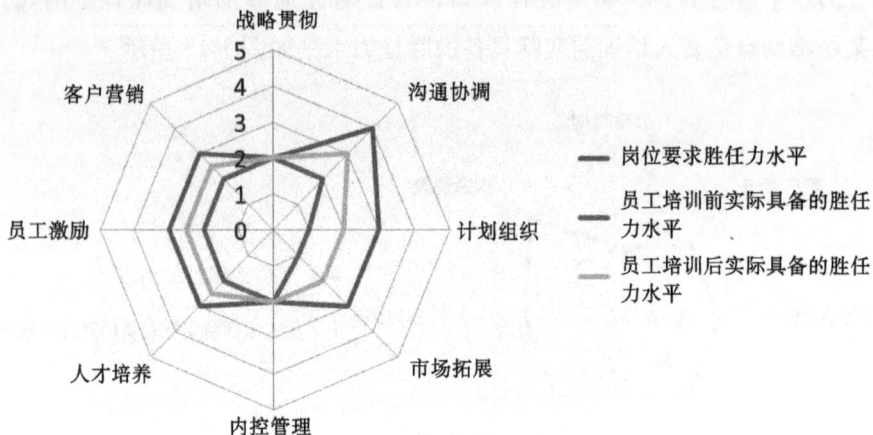

图 5-14 某网点负责人培训后胜任力水平与岗位要求水平对比

由图 5-14 可见，经过培训，该网点负责人在沟通协调、计划组织、市场拓展、内控管理、员工激励、客户营销几个方面都有了进步，对培训的有效性进行了证明。但培训不是一蹴而就的，一次培训并不能补齐所有胜任缺口，这是一个持续的改善过程，需要在后续的工作中不断地进行培训和改进。

三、结果

通过建立网点负责人胜任培训体系，弥补了 G 行基层网点培训板块内容的缺失，与之前所建立的二级分行、一级分行及总行培训体系一起构建起由基层网点逐层而上的基于胜任力模型的培训体系，完成了由传统培训体系向基于胜任力模型的培训体系的过渡。网点负责人胜任培训体系进一步夯实了 G 行人力资源管理的基础，为业务发展提供了有力支持，不仅使其人力资源管理水平在业内保持领先，银行业绩也逐渐提升，国内排名在 2013 年年底攀升至第一名。

第三节 工具箱

一、组织内外部环境分析工具

分析项目	分析内容	用于培训
组织战略	战略目标和战略举措	关注哪些培训群体 关注哪些培训内容
	根据上一年度的经营结果，分析组织存在的绩效问题	哪些绩效问题可以通过培训得以改善？哪些不可以
组织氛围	组织氛围是否支持培训工作	如不支持，需采取何种措施来促使组织氛围转变以支持培训工作
组织资源	培训职能中，人力资源方面存在的缺口	如何加以改善，获得充分的人力资源
	培训职能中，资金资源方面存在的缺口	如何加以改善，获得充分的资金支持
	根据以往的培训结果，分析培训效果转移的限制因素	如何加以改善，增加培训效果转移

二、员工胜任力评估表

胜任力项目	岗位要求掌握等级					实际掌握等级				
	了解/基本	熟悉/一般	掌握/有效	指导/良好	精通/优异	了解/基本	熟悉/一般	掌握/有效	指导/良好	精通/优异
	1	2	3	4	5	1	2	3	4	5

三、培训需求调查表

<table>
<tr><td colspan="4" align="center">对员工的培训需求调查表</td></tr>
<tr><td colspan="4">日期：___年__月__日</td></tr>
<tr><td colspan="4">姓名：　　　　　部门：　　　　　岗位：</td></tr>
<tr><td>工作中经常遇到的困难是什么</td><td>你认为你缺乏何种知识/技能？导致不能解决这些困难</td><td>你认为为了掌握这种知识/技能，需要什么培训课程</td><td>您对这种培训课程的设计和实施有什么建议</td></tr>
<tr><td></td><td></td><td></td><td></td></tr>
<tr><td></td><td></td><td></td><td></td></tr>
<tr><td></td><td></td><td></td><td></td></tr>
</table>

四、培训方式与学习类型匹配表

培训方式	培训内容				培训目的		
	知识	技能	思维	观念	记忆	理解	行为
课堂授课	◎				◎	◎	
讲座	◎				◎	◎	
导师指导		◎					◎
角色扮演		◎					◎
案例研究	◎	◎	◎		◎	◎	◎
头脑风暴			◎			◎	
模拟训练		◎					◎
电子化培训	◎	◎		◎	◎	◎	◎
虚拟现实培训		◎				◎	

五、课程大纲样例

课程名称：管理者自我认知。

课程目标：

➤ 认清自己的性格特质；

➤ 了解自己的领导风格和学习风格；

➤ 明确自我的价值导向。

培训方式：

以讲授、模拟练习、录像反馈、内部研讨为主，以测验、推荐阅读为辅。

培训大纲：

第一单元：自我认知的困境突破。

1. 你准确自我认知了吗？

➤ 体验：DISC 性格测验，采用先自评后互评的方式进行小组讨论，并且要求小组进行分享。

➤ 录像反馈：组织一个小组进行无领导小组讨论（如何提高财务管理队伍的工作效率），进行录像，随后将录像呈现，小组探讨——你对自己有准确的认知吗？

2. 人生四格认识窗口。

3. 什么是自我认知？

第二单元：自我认知的重要价值。

1. 小组讨论——自我认知的价值。

2. 对小组讨论进行总结，提出自我认知的真正价值。

3. 引用作为本单元的结束语。

第三单元：……

六、反应层次评估——评估问卷

培训效果评估表

培训内容：　　　　　讲师：　　　　　培训日期：

请您实事求是地按照下列要素，对本次培训给予评价（在您认可的数字上打"√"）。

◆课程内容	未达到预期	基本合格	比较满意	超出期望
课程适合工作和个人发展需要	1	2	3	4
课程内容深度适中、易于理解	1	2	3	4
课程内容切合实际、便于应用	1	2	3	4
◆ 培训师				
培训师做好了充分的准备	1	2	3	4
培训师语言表达清楚、态度友善	1	2	3	4
培训师对培训内容有独特精辟的见解	1	2	3	4
培训师对培训进度与现场气氛的把握很好	1	2	3	4
培训方式生动多样、鼓励参与	1	2	3	4
课堂解答学员问题、培训时间控制良好	1	2	3	4
课程讲义与教材	1	2	3	4

对本人工作上的帮助程度：　　A. 较小　　B．一般　　C. 有效　　D. 非常有效

整体上，您对这次课程的满意程度是：　　A. 不满　　B．一般　　C. 满意　　D. 非常满意

◆您参加此次培训的收获及心得：

◆个人建议：

说明：1. 请如实填写，并请在填妥后及时交培训组织者；

　　　2. 请您提供真实的评估意见，以帮助我们对培训课程、形式等进行改进。

再次感谢您对我们工作的支持！

七、反应层次评估——小组座谈提纲

一般性问题：

1. 经过本次培训，您最大的收获是什么？

2. 在培训之前您有什么期望？您觉得本次培训达到您的期望了吗？

3. 您觉得本次培训最需要改进的地方在哪里？怎样进行改进？

细节性问题：

1. 本次培训的培训目标是否清晰明确？

2. 本次培训的培训内容是否实用？

3. 本次培训的教材有无需要改进的地方？

4. 本次培训所运用的培训课件是否有效？

5. 本次培训所采取的培训方式是否恰当有效？能否有助于您对培训内容的理解？

6. 您对本次培训的培训师的评价如何？

7. 培训师是否表现出对培训内容的精准把握？

8. 培训师的培训技能如何？有哪些亟待提升的方面？

9. 本次培训课程的时间安排、进度是否合理？有无控制不当的情况？

10. 您对本次培训的组织有什么评价？有什么安排不当的地方？

11. 本次培训的培训环境是否舒适？您对培训设备是否满意？

12. 您对本次的培训的食宿安排、交通安排是否满意？

八、行为层次评估——行动计划示例

行动计划

姓名：　　　　　　　　　　导师签字：

目标：

评估日期：＿＿＿＿＿＿＿＿＿＿＿＿＿＿＿

当前存在的问题：

期望达到的表现：

改进措施：

具体措施	完成时间	需要的资源	备注
1.			
2.			
3.			
…			

直接主管签字：

第六章 基于胜任力模型的职业生涯规划

人才的供应无法满足企业发展对人才的需求是许多企业人力资源管理工作的核心难题，即使在招聘和培训工作都充分开展的情况下，企业通过外部招聘和内部晋升，仍无法满足自身对专业人才、骨干力量的需求。另一方面，即使在人才紧缺的企业，许多员工仍认为自己在企业内部找不到适合自身发展的职业路径，不知道如何努力才能胜任现有岗位或者更高级的岗位，这在一定程度上造成了企业内部人力资源浪费。解决这个问题的重要手段之一就是构建企业的职业生涯管理体系。

职业生涯管理是指企业通过建立一系列的制度和流程，系统化地帮助员工制定职业生涯规划和帮助其实现职业生涯发展的一系列活动。员工职业生涯管理体系是企业经营发展需要和员工个人生涯发展需求相结合的产物。对于企业而言，一套适应企业实际的职业生涯管理体系可以实现企业人才选拔和培养的规范化，提高员工忠诚度和工作满意度，保持人才的竞争力，塑造企业倡导的行为；对于员工个人而言，一套符合员工个人特质的职业生涯发展规划，可以帮助其明确自我发展方向、增强自我发展动力、保持可持续的职业竞争力。企业通过职业生涯管理的举措，可以为员工提供施展才能的舞台，使员工充分体现自我价值，从而留住人才、凝聚人才，保证企业长盛不衰。

有的企业虽然建立了多通道的职业生涯管理体系，但在实际使用过程中存在能力与职位匹配不够清晰、具体，员工职业发展路径的要求不够明确，以及员工个人的发展目标跟组织的战略目标脱节的现象。引入以胜任力模型为基础的职业生涯管理的好处如下所示。

1. 能力与职位的匹配更加清晰、具体

职位的任职标准不再仅以本岗位工作所需要的知识、技能为主，更包括了一些胜任力要求。这些胜任力包括定义及不同等级对应的行为指标，既方便把现有的人员按照其胜任力水平匹配到相应的岗位上去，也为选拔和培养人才提供了参照标准。

2. 员工职业发展的要求进一步明确

员工不仅能够选择自己下一步努力的目标职位，而且能够知道要做到什么程度才能达到目标职位的要求。这样，员工在日常的工作中就可以有针对地提高相应方面的能力，同时，管理者在培养员工时，也会更有针对性，以帮助员工更快地实现职业发展目标。

3. 更好地把员工职业发展与企业的战略目标结合起来

胜任力模型建立的过程是以组织战略目标为导向的，这样以胜任力为基础的职业生涯体系便能与组织的战略目标结为一体。当员工按照职业通道上的职位要求来进行自己的职业生涯规划时，就把自己的个人职业发展融入到组织的发展之中去。

可见，建立以胜任力模型为基础的员工职业生涯管理体系，可以为企业人力资源管理效能的提升起到非常显著的作用。如何构筑以胜任力模型为基础的员工职业生涯管理体系呢？本章将在下面的内容分别介绍构建立以胜任力模型为基础的职业生涯管理体系的技术方法、应用实例和工具箱。

技术方法部分：对构建基于胜任力模型的职业生涯管理体系的技术方法、实施步骤进行剖析，详细说明管理者如何利用已有的胜任力模型开展相关工作。

应用实例部分：通过某成熟企业具体的操作实例，展示如何通过基于胜任力的任职资格体系来有效地进行职业生涯管理。

工具箱部分：汇集构建基于胜任力模型的职业生涯管理体系常用的经典工具和模板，方便读者随时查阅、使用。

第一节 技术方法

构建以胜任力模型为基础的员工职业生涯管理体系时应注意以下几点：企业应通过设计职业应发展通道，明确员工职业发展路径；通过建立以胜任力模型为基础的任职资格标准，明确企业中各层各类岗位人员所需具备的素质要求，明确企业期望员工具备什么能力以及如何发展；同时，依据这样的标准，通过有效的测评方法、完善的制度规则、及时的反馈辅导，帮助员工发现自身不足，为其量身打造一套提高任职能力的发展规划。基于胜任力模型的员工职业生涯管理技术路线如图6-1所示。

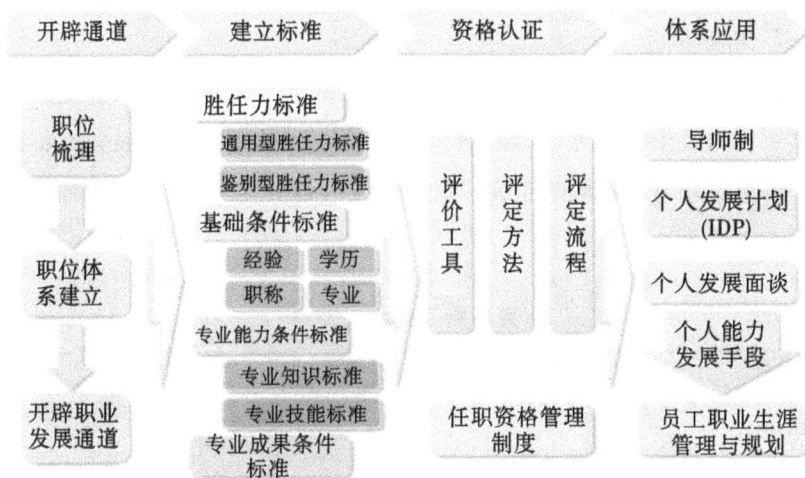

图6-1 基于胜任力模型的员工职业生涯管理技术路线

一、建立清晰、多向的职业发展通道

以职位管理为基础，建立清晰完善的职业发展通道，是任职资格体系建立的前提。建立职业发展通道的方法如下。

（一）建立职位体系

建立员工职业发展通道的前提是对企业的全部职位进行梳理，即根据企业现有的组织结构，以部门为单位，将每一个岗位的岗位目的、岗位职责、上下级汇报关系和任职要求核实、梳理清楚。企业应根据岗位设置以及每一个岗位的特点，搭建初步的岗位分类，随后，从横向和纵向上建立起职业发展通道：职族、职级和职等。

1. 建立职族

企业应根据岗位梳理结果，从横向上将具有相同或相似工作属性的岗位放在一起，形成不同的职族，如专业族、营销族等。如果企业的职位较多，为进一步进行专业细化，可将每一职族下再分为不同的职类。例如，专业族下可再分为人力资源类、财务类和审计类等。

2. 划分职级

企业应根据同一职族岗位人员知识的深度与广度、技能掌握的熟练程度、能力要求、行为标准的高低和管理职责的大小，从纵向上将同一职族的岗位划分成不同的职级。职级一般可划分为 3～5 级，其划分标准如表 6-1 所示。

表 6-1　职级划分标准

职级	等级描述
一级	具有本专业基础的和必要的知识、技能，在适当指导下能够完成多项或较为复杂的业务
二级	具有本专业某一领域全面的知识和技能，这些知识和技能已经在工作中多次得以实践；在例行情况下能够独立工作
三级	具有本专业一个以上领域全面的良好的知识和技能，在某一方面是专家；能够独立、成功、熟练地完成本领域一个子系统的工作任务，并能有效指导他人工作
四级	精通本专业某一领域的知识和技能，熟悉其他领域的知识；能够指导本领域内的一个子系统有效地运行，对于本子系统内复杂的、重大的问题，能够通过改革现有的程序/方法来解决；熟悉其他子系统的运作

（续表）

职级	等级描述
五级	精通本专业多个领域的知识和技能；能够洞悉本领域的发展方向，指导整个体系的有效运作，指导本领域内的重大、复杂问题的解决，并提出具有战略性的指导思想

企业在划分职级时需要考虑以下三个方面的内容。

首先，要考虑企业战略对人才的要求，明确企业需要哪些方面、达到什么层次的人才。这里需要考虑的是某类岗位对于企业的相对重要程度。一般而言，如果某类岗位是实现企业阶段战略目标的关键类别岗位，就应该为其单设一个通道，如本章第二节的应用实例中所展示的企业将软件设计职类的通道单独设立以体现其战略重心；反之，如果某类岗位的重要程度不高，则可以与其他类似的岗位类别放在一起管理，以增强职业发展通道的通用性，降低管理成本，例如某些企业将人力资源管理类的岗位与行政管理类的岗位并入一个通道管理。总之，岗位类别的划分应在切合企业发展战略的同时兼顾管理成本。

其次，职级的划分还要考虑职类的专业纵深及所需要任职能力的梯度性差异。任职能力复杂的职类，其职级划分可相对多些，例如研发类；任职能力相对简单的职类，其职级划分就可以相对少些，例如操作类。

最后，职级的划分还要满足区分度明显的原则。企业不能为了让员工有足够的晋升空间而人为地划分过多职级，否则，会导致级与级之间的区分度不够明显，相应的激励体系的差异性也比较小，造成任职资格体系吸引力的下降。

3. 划分职等

企业应根据从业人员满足当前职位任职资格的成熟程度，进一步将职级细化为职等。在具体划分过程中，需要考虑从业人员知识的深度与广度、技能掌握的熟练程度、胜任力行为标准的高低和管理职责的大小，强调同一职位中从业人员胜任能力的差异性。例如，在某通信技术企业中，研发事业部的所有岗位均从低到高将每个职级细化为预备等、基础等和职业等三个职等。也就是说，同样是一级文员，根据其能力的大小，以及所创造的价值的多少，会有不同的职等及不一样的收入。

综上，可以设计出企业的职位体系图，具体如图6-2所示。

	职级\职类	人力资源类	财务类	审计类	市场类	销售类	客服类	研发类	工程类	质量类	管理类
五级	职业等										
	基础等										
	预备等										
四级	职业等										
	基础等										
	预备等										
三级	职业等										
	基础等										
	预备等										
二级	职业等										
	基础等										
	预备等										
一级	职业等										
	基础等										
	预备等										
职级	职等\职类	人力资源类	财务类	审计类	市场类	销售类	客服类	研发类	工程类	质量类	管理类
	职族	职族	专业族		营销族			技术族			管理族

图6-2 某企业职位体系（部分）

（二）建立职业发展通道

企业应根据职位体系图，设置多向职业路径，建立职业发展通道，满足企业不同类型员工的发展需要。通常来讲，职业发展路径可分为以下两种基础形态。

1. 纵向职业发展路径

纵向职业发展路径是最为常规的职业发展路径，是指员工在本职类内部，朝着更高的职等、职级发展的通道。纵向的通道构成直接反映了职业发展通道的深度，在设计时可直接按照前一步中的职级划分。

2. 横向职业发展路径

横向职业发展路径是指员工跨职族、职类的职业发展通道。横向职业发展路径可以拓宽员工的职业发展领域，丰富员工的工作经验。横向职业发展路径直接反映了职业发展通道的宽度，在设计这一部分时，种类过于繁多的通道设置会导致管理成本的增加，很有可能出现某一部分通道由于要求特殊，只有极少数员工符合；反之，如果职业发展通道在横向上的设置过于笼统，就会使工作特点差异较大的岗位集中在同一个通道内。

　　通过对纵、横双向两种基础形态的职业发展路径的有效连接与设计，便可以形成较为常见的几种职业发展通道的类型，如 Y 型职业发展路径，H 型职业发展路径和网状职业发展路径。如图 6-3 所示，二、三级之间的职业发展路径就是比较典型的 H 型发展路径，同职级之间可以相互转换；四、五级之间的职业发展路径则是典型的 Y 型职业发展路径。在这样两条并列的发展路径中，一条是管理路径，一条是技术路径。两种路径互相可以连接，四级以上的技术等级都对应着相应的管理等级，这样一来，为具有管理胜任能力的技术人员提供了可晋升的管理职位，为不具有管理胜任能力的技术人员提供了更纵深的职位发展机会，让各类专业人员都能看到自己的职业前景，从而避免出现优秀员工只能通过担任行政管理职位来实现自身职业发展的现象。

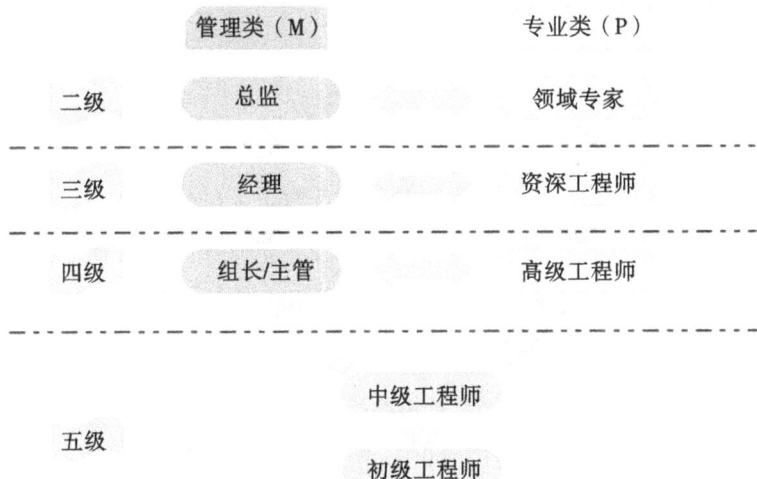

	管理类（M）	专业类（P）
二级	总监	领域专家
三级	经理	资深工程师
四级	组长/主管	高级工程师
五级		中级工程师
		初级工程师

图 6-3　某软件技术企业的软件测试部职业发展通道示例

　　网状职业发展路径（见图 6-4）是纵向职业发展路径和横向职业发展路径的综合，其特点在于多通道的结合。网状职业发展路径可以使员工在晋升到高层管理者之前，在纵深和横向跨度上丰富各职类、职级的经验，尤其适用于对继任者的培养。

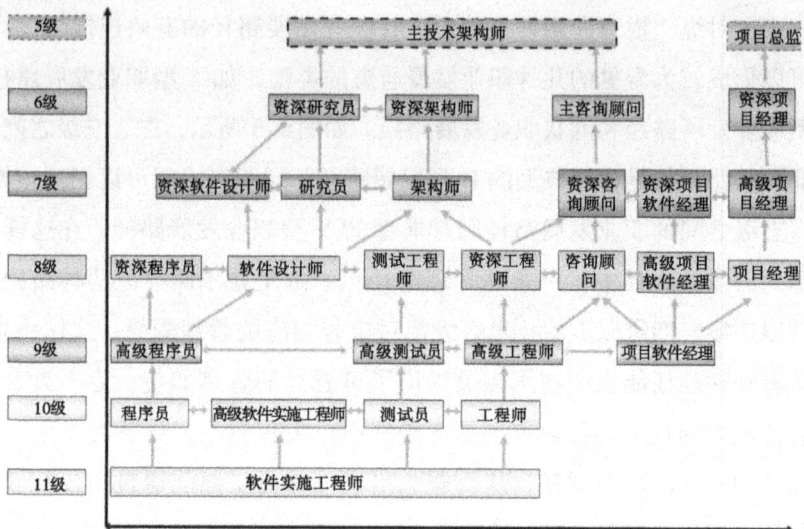

图6-4 网状员工职业发展路径（某软件技术企业技术类职位）

二、建立任职资格标准

任职资格标准的开发是职业生涯管理非常重要的环节之一。当对职类有了清楚的划分、职位等级有了明确的区分、职业发展通道有了相对固定的设置之后，企业应对每一个通道每一个层级上的员工任职要求（包括学历、职称、工作年限、经验、专业知识、专业技能、业绩、胜任力水平等）等方面进行提炼与归纳，形成符合企业自身经营实际的任职资格标准。

首先，在确定任职资格内容时，需要考虑不同通道间的差异性与统一通道内的连续性问题。具体来说，不同类别的发展通道，其任职资格包含的具体内容可能会有差异，例如管理类通道的任职资格标准可能包含管理职位工作年限的要求；在同一通道内，不同层级任职资格标准的内容需体现出职业发展的连续性与阶梯性。

其次，需要考虑晋升管理时的可操作性问题。晋升是人力资源日常管理工作中重要的人员调配手段之一，在任职资格的框架内考虑晋升管理是十分必要的。一方面，任职资格标准能够为人员晋升提供有力依据；另一方面，任职资格标准也要通过晋升等人力资源管理活动在企业日常管理中落地。

最后，要注意通道间任职资格的平衡性。根据经验，在实际操作过程中会出现一些员工跨通道发展的情况。在这种状况下，任职资格应该为员工跨通道流动提供一定的依据，这就需要考虑通道之间协调对应、相互衔接的关系。通过任职资格标准的设计，可以使员工在跨通道发展时能够明确哪些资格条件是原通道上已经通过并且能够在新通道中继承的，哪些资格条件是原通道上还不具备、需要重新发展并通过评审的。

（一）任职资格标准的一般构成

任职资格标准一般包括基本条件、专业成果条件、专业能力条件和胜任力四个方面的内容，具体如图6-5所示。因为胜任力在很大程度上能够决定员工所能取得的基本条件、专业成果条件与专业能力条件的水平，所以胜任力是整个任职资格标准的核心所在，在建立任职资格标准时，要予以重点描述。

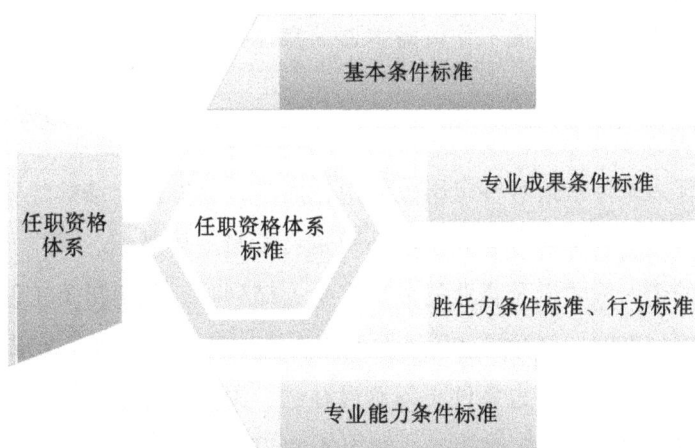

图6-5 任职资格标准构成

1. 基本条件

基本条件通常包括学历、专业和工作经验等内容。学历和专业是对员工教育背景的要求，分别指员工所获得的最高学历和所学专业。工作经验可以分为企业内经验和企业外经验，企业外经验可根据与本职位的相关度和相似度进行折算，主要采用资格审核的形式进行评定。企业内经验是指在本企业中所从事的相关职位的工作经验。个别工作岗位的基础条件标准还有可能包括年龄等身体条件要求。

2. 专业成果条件

专业成果条件包括绩效成果和创新成果。绩效成果用于衡量员工的工作业绩和工作成果，一般重点考察其从事现职位一年或两年的绩效考核结果。创新成果是指根据企业需要，明确各岗位对任职者在工作创新中所要求的成果的性质、影响范围等，如拥有国家专利、权威期刊发表论文。创新成果并不适用于企业的所有岗位，一般情况下只在高级技术研发类岗位上才有设置的必要。

3. 专业能力条件

专业能力条件主要包含专业知识和专业技能两个方面。专业知识是指员工完成工作所需掌握的知识点，是获得相应技能的基础和重要保证。专业技能是指员工完成工作所需掌握的操作技能，是员工能否完成工作的直接因素。

4. 胜任力条件

胜任力条件是指对特定岗位或角色而言，能够区分绩效优秀者和绩效一般者的个人特征。这些特征必须是可衡量、可观察、可指导的，并对员工的个人绩效以及企业的成功产生关键影响，是衡量员工能否达到任职资格标准的主要标尺。传统的人才选拔比较看重学历、知识、技能、经验等因素，而胜任力条件更强调潜在的、深层次的个人特征，如系统思维、成就导向、人际沟通等。相对于知识、技能和经验来说，胜任力的测量评估难度更大，但它对于一个人能否胜任目标职位的预测力也更强。

（二）建立任职资格标准的原则

1. 基于职类原则：与职位类别划分保持一致。

2. 业务驱动原则：源于业务发展的需要，并随着企业业务的发展不断优化。

3. 牵引性原则：能够指导员工的日常工作，促进员工不断提高工作能力。

4. 可区分原则：各类资格级别的划分应有明显的区分度。

三、设计任职资格评价方法

企业应根据任职资格标准四个方面的内容分别设计不同的评价方法，具体内容如表6-2所示。

表6-2　任职资格评价方法示例

任职资格标准		内容描述	评价工具	评价方法
基础条件		学历、专业、经验		资格审核 履历调查
专业能力条件		专业知识	笔试题库	笔试
		专业技能	面试题库	专业面试 专业能力操作测验
专业成果条件		业绩考核成绩 专业成果备案		资格审核
胜任力条件	专业胜任力	公共关系能力	面试题库	评价中心 360度评估
		冲突管理		
		专家精神		
	通用胜任力	成就动机		
		沟通表达		
		忠诚自律		

1. 基础条件评审方式

对于基本条件的评定，主要采用资格审核或履历分析的方法进行，即通过对员工的基本信息进行审核或者对应聘者的履历进行分析，确定员工的学历、专业和经验是否符合职位要求。

2. 专业成果条件

对于专业成果条件中的绩效成果和创新成果的评定，通常采用资格审核的方式进行，即通过对员工的绩效信息进行审核，确定该员工的绩效条件是否符合目标职位的要求。

3. 专业能力条件

对于专业能力条件的评定，通常采用专业笔试和专业面试两种方式进行。

专业笔试是指通过纸笔测验的形式，将职位所应掌握的专业知识作为考察点，设计成专业笔试试题，根据员工或应聘者的作答情况，对其专业知识作出评定。

专业面试是指在对员工或应聘者的面试过程中，由面试官提问一些有关职位所需技能条件的问题，要求员工或应聘者当场做出回答，并根据回答结果，对其专业技能作出评定。

4. 胜任力条件

对胜任力的评估主要有以下几种方式，企业可根据实际情况来选择。

（1）采用评价中心的方式

研究和实践结果都表明，评价中心技术通常被应用于人才甄选和人才发展，是评价胜任力最准确、最有效的工具。评价中心是在工作分析的基础上进行的，其特点是多方法、多角度、多专家，以情景模拟为核心，综合应用心理测验、情景模拟和结构化面试三种方法对候选人进行评价。目前国内企业如果要采用评价中心的方式，建议委托专业的咨询机构来进行。

心理测验是系统、量化评估候选人个性特征、认知能力的有效工具，是形成最终评价结果的重要依据。但值得强调的是，无论如何，不能单独使用心理测验作出重要的人事决策。

情景模拟是评价中心技术的核心工具，如无领导小组讨论（Leaderless Group Discussion，简称LGD）、角色扮演（Role Play，简称RP）、案例分析（Case Analysis，简称CA）、文件筐（File in Basket，简称FIB）等。其中，LGD是指通过观察临时组建团队的互动行为，着重测评候选人的影响力、组织协调能力、压力反应等能力的一种方法。CA是指通过对与工作情景类似的案例进行分析，着重考察候选人的问题分析、问题解决、决策等能力的一种方法。FIB是指通过分析管理者日常问题的处理方式与方法，着重考察候选人的决策、授权、协调、时间管理等能力的一种方法。

结构化面试是所有面试类型中效度最高的一种。非结构化面试是指缺乏标准化问题和系统化评分程序、面试官具有很大自主权的面试。结构化面试是指提问和工作相关的标准化问题，并按照系统化程序收集和评价候选人信息的面试。进行结构化面试前，企业需要对评价者进行系统严格的培训。

（2）采用行为面试的方式

在实际操作中，评价中心花费的成本较高，对评价者也有很高的要求，很多企业目前较难坚持使用。在这种情况下，企业可以采用行为面试的方式来提高评价效率。行为面试是指通过要求员工或应聘者描述其过去某个工作经历的具体事件来了解员工或应聘者各方面的胜任特征。在面试过程中，面试官应针对各项胜任力，向员工或应聘者进行提问，要求其当面进行回答，并根据回答的情况，对员工或应聘者的胜任力作出评定。一般情况下，往往是企业内部专门成立评审委员会，由管理经验丰富、处事公平公正、有一定权威的人员担任委员会成员，共同对员工的胜任力水平作出评定。评审委员会成员应接受一些行为面试方面的培训，以提高面试的准确性。

（3）采用360度评估的方式

目前，很多企业将360度评估作为考核方式的一种，用以对员工的关键行为、工作态度等进行多方位的考核。采用360度评估方式来测查胜任力，通过对胜任力的标准行为频次、规范程度等方面进行问卷和访谈形式的评估可以节省评估时间，相对减少操作成本，同时对于专业的要求也相对适中。

四、建立任职资格管理制度

建立科学系统的任职资格管理制度是落实前述所有环节成果的重要保障。没有了相应的管理制度，任职资格体系将沦为废纸，被束之高阁。在建立任职资格管理制度时需要充分考虑管理成本，包括任职资格评审的周期、评审内容、评审流程及参与评审人员的范围等。

五、员工发展计划

任职资格体系建设一个很重要的目的便是为员工制订个人发展计划（Individual Development Plan，简称 IDP）。个人发展计划是帮助员工进行职业生涯发展规划的重要工具，是描绘员工未来职业生涯发展的图纸，能够勾勒出员工的优势、目标、待发展能力及相应的解决策略，帮助员工在合适的时间取得相应的技能，以实现其职业发展目标。

具体来说，IDP 是员工个人为实现特定发展目标而与组织通过沟通，双方共同制定的一系列计划和时间表。它是一个系统的过程，使员工有目标、有步骤地逐渐培养出需要提升的技能，而不会将时间和精力等资源用在可能没有效果的行动上。

我们可以把 IDP 看作职业发展的"航海图"，它能够使员工看到自己的职业现状、未来的发展以及如何实现职业目标。IDP 一旦制订，员工可以遵照 IDP 中的行动步骤指导自身行为，不断检查自己已经取得的成果，并根据这些成果的反馈来调整、完善自己的 IDP。IDP 实现作用如图6-6所示。

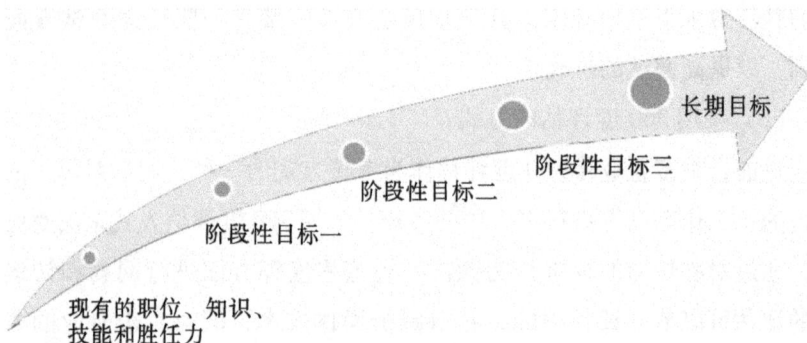

图 6-6　IDP 实现作用

那么，如何在企业内部有效地实施一定规模的 IDP 项目呢？主要可以通过以下几个步骤进行。

第一步，传导 IDP 理念。

IDP 是一个全亲的员工发展理念，如果在应用过程中期望达到良好的效果，理念的灌输与传导必不可少。在这一阶段，企业可以利用高层会议、内部培训、召开小组会议等多种宣传方式，向企业全体员工传导 IDP 的概念、推行 IDP 的目的及意义、IDP 具体实施方法等，使员工对组织有关 IDP 的规章制度和组织发展规划有一定程度的了解。在传导过程中，要突出强调 IDP 是实现员工个人职业发展与企业发展双赢的重要工具。这一阶段对于初次引入个人发展计划的企业而言十分重要。

第二步，选择合适的 IDP 发展对象。

首先，作为 IDP 成功实施的前提条件，个人意向决定了参与者能否发挥主动积极性，并自觉遵守相应的章程与流程，一步一步地将 IDP 长期坚持下去。缺少个人发展意愿的参与者是对组织资源的浪费。其次，所选择的发展对象的能力素质要有一定基础。通过大量的实践发现，接受能力强、可塑性高的发展对象更容易通过 IDP 崭露头角。最后，则是发展对象的发展领域需符合组织发展战略需求。如同"好钢用在刀刃上"的道理一样，为了更好地实现组织的人才战略，人才培养的方向、专业背景都应当考虑组织现实状况下的业务发展需求、人才缺口等问题。

第三步，通过有效测评帮助 IDP 发展对象确立个人发展目标。

企业应将组织的人才需求信息和岗位要求及时传递给选定的员工，以便员工结合组织需求状况和自身情况制定个人发展目标。通常情况下，很多员工对自己的发展方向比较迷茫，在工作一两年后仍不知自己最适合做什么工作、应该成为专业型人才还是管理型人才。企业可通过 360 度反馈、评价中心技术、性格测试等多种途径，帮助这些员工分析他们的特长，包括性格特点、教育背景、自身优缺点、外部环境的需求和竞争状况，并利用组织的资源、导师的经验帮助他们理清思路，从而制定个人发展目标。

第四步，建立一支优秀的导师队伍。

为了保证导师发挥应有的辅导效果，在实践过程中，很多企业和组织会以绩效考核的方式对导师进行奖励与约束，但实际效果却与初衷大相径庭。究其根本原因在于没有选好导师。在导师人选的确定上，这些组织往往没有充分考虑参与者的主观意愿，而是以"指派""委任"等形式确定了管理层认为合适的人选。其实，"有强烈意愿作为导师指导他人"应该是成为合格导师的基本条件。

其次，导师人选需要在组织内具有丰富的经验以及社会阅历。由于导师制的建立的主要目的是帮助被辅导人快速提升，因此导师人选的领域相关经验与社会阅历都十分的重要。

第五步，选择计划实施的方式和手段。

制定 IDP 之后，企业需要评估个人目标与现状的差距，并考虑采取什么措施以成功实现预期目标，这需要针对每个人不同的情况，采取不同的培养提升方式。具体培养方式的选择与应用可参见本书第五章——基于胜任力模型的培训体系设计。

第六步，建立沟通机制，掌握动态信息。

无论是制订 IDP 实施计划，还是在日后运行的辅导过程中，沟通渠道的建立都非常重要。在 IDP 执行期间，组织可以通过设置周期性的时间，专门安排有关 IDP 的沟通、谈话，运用阶段性的沟通方式了解被培养对象的工作状态、当前工作进展情况、项目实施中遇到的问题等。

在沟通过程中，除了运用正式谈话的方式，也可以鼓励导师与被培养对象通过 E-mail、电话、非正式面谈等方式进行。实践证明，非正式渠道的沟通会使参与双方更放松、更快地建立信任关系，同时，伴随着沟通内容的逐步深入，辅导效果会不断提升。

第七步，定期进行效果评估。监控计划执行情况。

好的计划需要好的执行，而好的执行往往是以好的监控措施作为保证的。为了避免 IDP 的实施流于形式，组织应定期进行效果评估。评估的内容包括以下两个方面。

第一，通过固定的测评手段和周期性绩效评估对被培养对象在职业发展中的能力变化给予客观评价。对于存在问题的员工，需要调整、完善其个人发展计划的实施策略，在下一年度的培训上重点攻克这些问题。随着对被培养对象更深入的了解，还可以修改其个人发展目标，以适合其个人特点，帮助其更好的成长。

第二，对整个 IDP 流程的运作情况进行评估，评估手段可采取问卷调查、访谈等形式。对整个制度运作的细节、效果进行评价后，企业应制定相应的改进方案。通过对被培养人能力变化与整个 IDP 流程的双方面评估与修订，再更新实施策略、监督检查机制等，形成良好的 PDCA（即计划—执行—检查—调整）循环。

第二节　应用实例

一、背景信息

S 股份有限公司（组织结构如图 6-7 所示）是全国领先的管理软件及电子商务服务商，其业务是为世界范围内的企业和政府组织提供管理咨询和信息化服务，包括管理软件、ERP 软件、集团管理软件、人力资源管理软件、客户关系管理软件、小型企业管理软件、财政及行政事业单位管理软件、企业云服务等。S 公司自成立以来，长期坚持自主创新、优质服务的理念，致力于以先进的产品技术和专业的服务成为客户信赖的长期合作伙伴，并以"帮助客户成功、帮助员工成功、帮助股东成功"为使命。S 公司为客户提供全方位、一站式贴心服务，从管理 IT 咨询、系统部署和实施，到运维和培训，都能快速响应客户需求，帮助客户切实解决问题，研发的多款管理软件得到客户的一致赞赏，为客户起到显著的降低成本、提升效率、驾驭风险的作用。随着业务规模的逐步扩大，S 公司于今年成功在某证券交易所发行上市。

S公司组织结构图

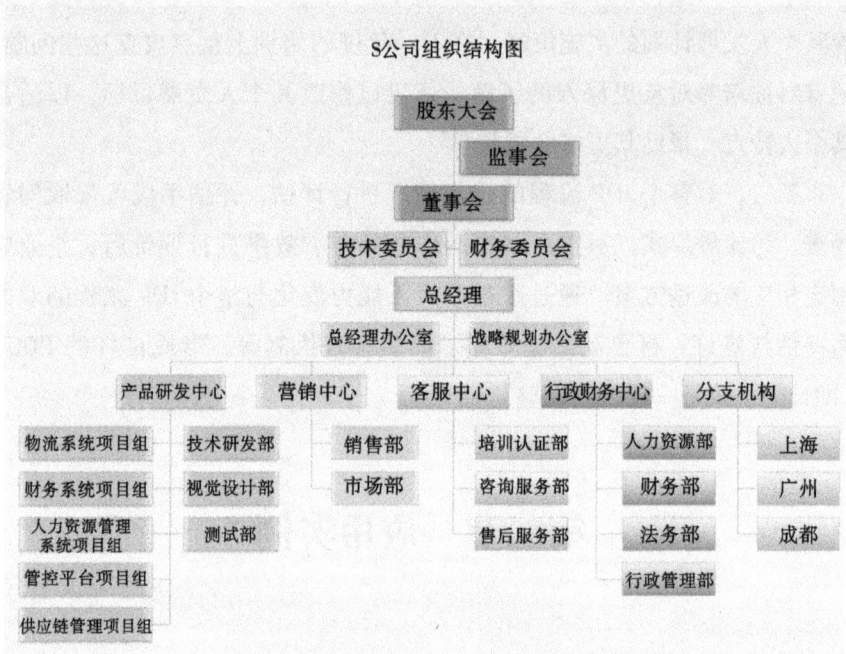

图 6-7　S 公司组织结构图

目前，S 公司的总部设在北京，在北京、上海、成都各地的研发中心共有 2700 多人的研发队伍，在我国大陆拥有几十家以研发、营销与服务为主的分支机构和 1000 余家咨询、技术、实施服务、分销等合作伙伴。S 公司的产品、营销及服务网络在大陆遍及近 200 个城市和地区，拥有员工总数超过 3000 人，客户遍及韩国、印度、马来西亚、俄罗斯等国家及中国香港等地区，总客户数量超过 35 万家。

随着业务规模的迅速扩张，S 公司发现内部人才管理机制已经明显落后于业务发展需求。具体来讲，面临的问题有以下几点：首先，部分关键岗位上的员工的能力与岗位要求不匹配，人力资源存在一定程度的浪费；其次，部分员工对于发展前景感到迷茫，进而影响工作动力，导致优秀员工流失；另外，公司的培训体系在耗费大量资源的同时，却无法支持员工的职业发展；最后，公司内部每年都进行职级评审，但其结果得不到员工认可，这在一定程度上打击了员工的工作热情。这些问题中，技术类岗位面临的问题最为突出。按照公司原有的员工职业发展通道设置，技术人员上升到一定级别之后必须通过提拔进入管理序列才能够得到职级晋升和薪酬增长。目前这种机制存在的问题主要有三点：第一，提拔上来的技术人员在技术上一定是过硬的，但是其管理能力与目前管理岗位对任职者的要求是否匹配并未得到有效考察；第二，作为软件开发公司，组织内部技术人员众多，但管理序列岗位有限，在技术水平、绩效表现比较趋近的时候，员工对于"提谁不提谁"的问题非常敏感，目前缺乏客观、明晰的标准；第三，管理岗位的待遇比较突出，在企业内部形成了"崇尚仕途"的不良氛围，不利于公司塑造技术领先的核心竞争力。

为了解决以上问题，S公司着手建立了一套以胜任力为核心的任职资格管理体系，希望借此来明晰职业发展通道与晋升标准，提高人才管理机制的科学性与规范性，为人才核心竞争优势的形成提供保障。

二、职业通道的开辟

S公司建立任职资格管理系统的，第一步便是开辟职业发展通道，对公司所有部门的岗位职责、工作内容、技能特点等进行充分梳理。第二步，在实际操作中，该公司不仅仅局限于岗位责任，还充分考虑岗位的汇报关系、现有任职者要求等一系列信息。由于其人力资源管理基础相对较为扎实，因此整个梳理过程比较细致、充分，是一次全方位的工作分析，为后续的体系建设和管理流程的开发工作提供了保障。

S公司部门分工清晰、岗位职责比较明确，因此可根据其组织结构、部门设置和内部分工来梳理职位种类，进而设计公司内部的职业发展通道。整个公司的职族分为技术族、服务族、职能族和管理族，每一个职族内部又根据岗位职责及工作特征相应地细分为若干个职类。由于S公司以运作IT软件设计项目为主营业务模式，在管理族的细分过程中增加了项目管理（M1）序列。项目管理对任职者的要求是双方向的；一方面要求任职者在该职级上拥有较强的IT技术背景；另一方面对任职者的管理能力提出了相应的要求。因此，这类职位的任职资格要求更具有技术导向性，使他们区别于一般企业当中的管理序列，也就是 S 公司当中的管理类（M2）。正如前面技术方法中所述，职业发展通道一定要根据企业实际情况"因地制宜"才能"落地生根"，S 公司正是这样做的。

以项目部为例，根据内部工作性质的不同，将部门内岗位分为项目管理类（Management，简称 M1 类）、技术研发类（Technique Research，简称 TR 类）和软件设计类（Design，简称 D 类）。

S 公司职业发展通道设置与职级的对应关系如图 6-8 所示。

职业等级	技术研发TR	软件设计D	软件测试Tes	IT教师Tea	咨询Con	客户服务CS	营销MS	法律L	财务F	行政A	人力资源HR	项目管理M1	项目管理M2
七级		首席构架师											中心总监、公司副总经理
六级		资深软件设计师		资深IT讲师	首席咨询师				首席财务顾问			资深项目经理	部门总监
五级	资深程序员	软件设计师	测试工程师	高级讲师	资深咨询顾问	资深工程顾问	资深营销顾问		高级会计师			高级项目经理	部门副总监
四级	高级程序员		高级测试员	专业讲师	高级咨询工程师	高级工程顾问	高级营销顾问	高级法务顾问	高级会计师	高级文秘	高经理	项目经理	高级主管
三级	中级程序员		中级测试员	中级讲师	咨询工程师	中级顾问	中级营销顾问	中级法务顾问	中级会计	中级文秘	中级经理		主管
二级	初级程序员		初级测试员	初级讲师		初级顾问	初级营销顾问	初级法务顾问	会计、出纳	初级文秘			经理
一级	助理程序员		测试助理	助理讲师		助理顾问	营销助理	法务助理		文员	专员		
职类	技术研发TR	软件设计D	软件测试Tes	IT教师Tea	咨询Con	客户服务CS	营销MS	法律L	财务F	行政A	人力资源HR	项目管理M1	项目管理M2
职族	技术族				服务族			职能族				管理族	

图 6-8　S 公司职业发展通道设置与职级的对应关系

1. 项目管理类员工的主要工作时间用于组织项目实施，审阅他人的工作。该管理类职位包括资深项目经理、高级项目经理和项目经理。

2. 技术研发类员工的主要工作时间用于具体的设计、实施软件代码的编写，完成专业性的任务。项目组技术研发类职位包括资深程序员、高级程序员、中级程序员、初级程序员以及助理程序员。

3. 软件设计类员工主要负责软件系统的整体布局和系统宏观设计，并负责对程序的编写进行相应的指导。项目组软件设计类职位包括首席架构师、资深软件设计师、软件设计师。

根据同一职类员工的知识深度与广度、技能掌握的熟练程度、素质高低和管理职责的大小，S 公司将职位与职级相对应，形成了这样一个职级对应关系，具体内容如表 6-3 所示。

表6-3　某部门职级与职位对应关系

职种	职级	对应职位
项目管理（M1）类	六级	资深项目经理
	五级	高级项目经理
	四级	项目经理
技术研发（TR）类	五级	资深程序员
	四级	高级程序员
	三级	中级程序员
	二级	初级程序员
	一级	助理程序员
软件设计（D）类	七级	首席架构师
	六级	资深软件设计师
	五级	软件设计师

随后，企业根据表6-3中职级与职位的对应关系，建立了一个多轨制的职业发展通道，即针对不同的专业人员，建立相应的职业发展通道，总结各类专业人员成长的内在规律，指明其发展方向，让员工结合自身特点规划自己的职业前景，从而有效避免了优秀员工只能通过担任行政管理职位来体现自身价值的现象。

三、标准的确立

为了解决好"每类员工职业发展的内在规律是什么？分成几个阶段能够反映这种规律？"等问题，S企业明确了胜任力的等级以及任职资格体系其他组成部分的具体标准。

S企业根据组织对不同职级、不同职种的不同要求，从基本条件、成果条件、专业能力条件和胜任力条件四个方面制定任职资格标准。任职资格标准示例如表6-4所示。

表6-4 任职资格标准示例

<table>
<tr><td colspan="7" align="center">管理人员</td></tr>
<tr>
<td colspan="2"></td>
<td align="center">资深项目经理
管理 M1 类六级</td>
<td align="center">高级项目经理
管理 M1 类五级</td>
<td align="center">项目经理
管理 M1 类四级</td>
</tr>
<tr>
<td rowspan="5">基本条件</td>
<td>学历</td>
<td>硕士研究生以上</td>
<td>本科</td>
<td>本科</td>
</tr>
<tr>
<td>专业</td>
<td colspan="3">计算机、软件工程、通信工程（软件方向）、电子信息技术、应用数学或其他理工科专业</td>
</tr>
<tr>
<td rowspan="3">经验</td>
<td>担任 M1 类五级的工作年限两年以上</td>
<td>担任 M1 类四级的工作年限一年以上</td>
<td>两年以上相关工作经验</td>
</tr>
<tr>
<td>以高级项目经理身份，带领过六个及以上项目，每个项目金额最少为30万元，项目已全额回款</td>
<td>以项目经理身份，带领过三个及以上项目，每个项目金额最少为30万元，项目已全额回款</td>
<td>在至少一个金额大于20万元的项目中承担助理项目经理角色，项目已全额回款</td>
</tr>
<tr>
<td>……</td>
<td>……</td>
<td>……</td>
</tr>
<tr>
<td colspan="2">成果条件</td>
<td>近两年绩效考核结果中，最少有两次"超出预期"与一次"优秀"，不可有"不合格"</td>
<td>近两年绩效考核结果中，最少有两次"超出预期"与一次"优秀"，不可有"不合格"</td>
<td>近两年绩效考核结果中，最少有两次"超出预期"与一次"优秀"，不可有"不合格"</td>
</tr>
<tr>
<td rowspan="7">专业能力条件</td>
<td rowspan="3">专业知识</td>
<td colspan="3">熟练运用 IT 项目管理技术；熟悉软件开发流程，掌握软件开发和测试相关知识、方法</td>
</tr>
<tr>
<td colspan="3">项目管理；编程、操作系统、服务器、数据库、网络、硬件等计算机专业知识</td>
</tr>
<tr>
<td colspan="3">……</td>
</tr>
<tr>
<td rowspan="4">操作技能</td>
<td colspan="3">Excel、Word、PowerPoint</td>
</tr>
<tr>
<td colspan="3">Linux、Unix、Windows 操作系统</td>
</tr>
<tr>
<td colspan="3">SQL；SecureCRT；Redmine；虚拟机系统；思维导图软件</td>
</tr>
<tr>
<td colspan="3">掌握项目所使用的语言，例如 Python、Lua、PHP、C 语言、C＋＋；</td>
</tr>
</table>

（续表）

胜任力条件	目标管理	三级	三级	二级
	决策能力	三级	二级	一级
	创新能力	三级	二级	二级
	成就导向	三级	二级	二级
	组织协调	三级	三级	二级
	团队领导力	三级	三级	二级

对于胜任力的要求，除用表格方式外，也可以用雷达图这种更加直观的方式来展现，以清楚地辨别出不同职级的项目经理在胜任力要求上的差异，具体内容如图6-9所示。

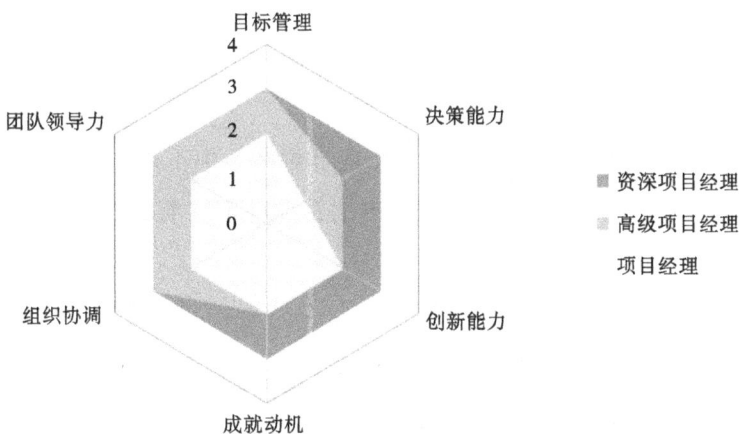

图6-9　不同职级任职资格对胜任力要求的差异

四、评价方法与工具

任职资格评价方法与工具如表6-5所示。

表6-5 任职资格评价方法与工具

任职资格标准	内容描述		评价工具	评价方法
基本条件	学历、专业、经验			资格审核
成果条件	半年绩效结果、所在企业的产品盈利能力与个人在其中担负的责任和作用；核心期刊发表专业文章数量			资格审核
专业能力条件	知识		笔试题库	专业笔试、面试
	技能		面试题库	
胜任力	M：脑力	综合分析 创新能力 ……	60度评估问卷 面试题库	360度评估、行为面试
	A：态度	责任心 成就动机 ……		
	P：人际	沟通表达 识人用人 ……		

对于员工的任职资格的评定，需要针对体系中不同的模块，应用不同的评价方法进行判断。具体评价方法在前一节中有较为详细的介绍，在这里不做赘述。

五、规则与流程的建立

建立了职业发展通道和任职资格标准之后，职业发展方式以及评定流程的设计便成为接下来需要确定的重要事项。根据企业职业发展通道的划分和基于胜任力的任职资格体系标准的建立，职业发展的方式可以分为"晋级"和"晋等"两种：所谓晋级，指的是员工在职级上的晋升，如从 M1 类五级晋升为 M1 类六级；而晋等则指员工在同一职级内，从较低等调整为较高等，如从五级预备等晋升为五级基础等，适用于那些不满足晋级条件的申请员工。

1. 设置评审流程

在流程设计过程中，企业应该充分注意到"晋级"与"晋等"的差别，设计具有差异性的评审流程。在 S 企业中，因为晋级对于员工能力提升的要求较高，且评判需要更为科学系统的方法，所以晋级流程的设计工作就会相对更加严格，在流程中需要通过"能力面试"的流程对申请者的专业能力和胜任力维度进行评判。S 公司任职资格评审流程如图 6-10 所示。

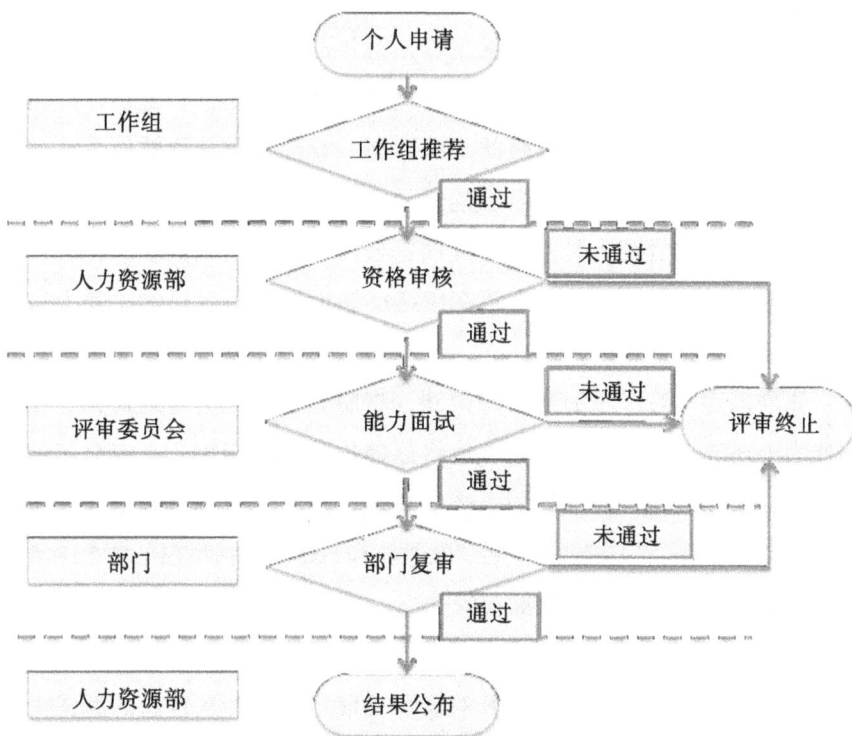

图 6-10　S 公司任职资格评审流程

2. 设置任职资格评定结果权重

任职资格标准是由多个维度组合而成，需要将不同维度的评定结果整合成一个最终评估结果。对此，S 公司选择了一个值得借鉴的方法：首先，确定任职资格的四个部分中哪几个部分应该占据权重，具体来说，基本条件与工作成果条件是否决性条件，若不符合要求则无法进入下一步胜任力与专业能力的审核环节，因此，只有胜任力与专业能力维度有权重；其次，由人力资源部采用数据统计的方式，计算出所有胜任力的重要性（具体内容参见本书第二章——基于胜任力模型的人力资源规划，然后以此为基础，通过与各业务部门的负责人进一步讨论得到各胜任力的最终权重。

六、为员工制订发展计划——以某一员工为例

李超是计算机专业硕士研究生，刚进入公司时被确定为预备等的中级程序员。他在这个岗位上勤恳工作，两年的时间里连续晋等，成为了一名职业等的中级程序员，从此，李超有了新的想法。一方面，性格开朗的他认为自己天生就有较强的组织才能，管理领域既能够使自己的专业技术得以发挥，又能够让自己的领导才能得以展现，因此，他希望从技术人员转型为管理人员。另一方面，公司提供了明确的发展平台，还有可以借鉴的先例。于是，李超在年终反馈面谈中与自己的主管上级张经理说出了自己的想法。

张经理通过对李超的观察意识到，李超如果要走上管理岗位，在很多能力上还有待提高，如果草率地将他提拔到管理岗位，必定会使他四处碰壁，从而使其对自己的能力产生怀疑，最后会影响这个年轻人的冲劲。想到这，张经理决定从年度绩效考核和360度评估反馈的两个结果入手，帮助李超打好这场"有准备的仗"。

个人发展面谈中，处于 TR3 级职业等的李超主动提出了自己未来一年希望向4级项目经理职位晋升的职业发展目标，并从自己的胜任力角度着重强调自己在过去几年的业绩表现。张经理首先肯定了这种追求上进的成长诉求，同时也承认了李超在同级员工中的出色表现。随后，他

拿出4级项目经理的任职资格标准,仔细地帮助李超分析并明确其现有
能力水平与目标岗位要求的差距。分析的内容主要包括以下几个方面。

（1）基于绩效分析和未来绩效要求。

（2）基于发展目标职级/职等对能力的要求。

（3）基于目标岗位对专业知识的要求。

单从胜任力的角度来看,李超现有能力与目标岗位之间的差距还是不小
的（见图6-11）,在组织协调和团队领导力两个胜任力上还未达到4级项目经
理的任职要求。这时,张经理表示可以与他一起制订一套涉及优势、待改善
和重点发展领域的发展计划来帮助李超实现这一阶段的"职业梦想"。

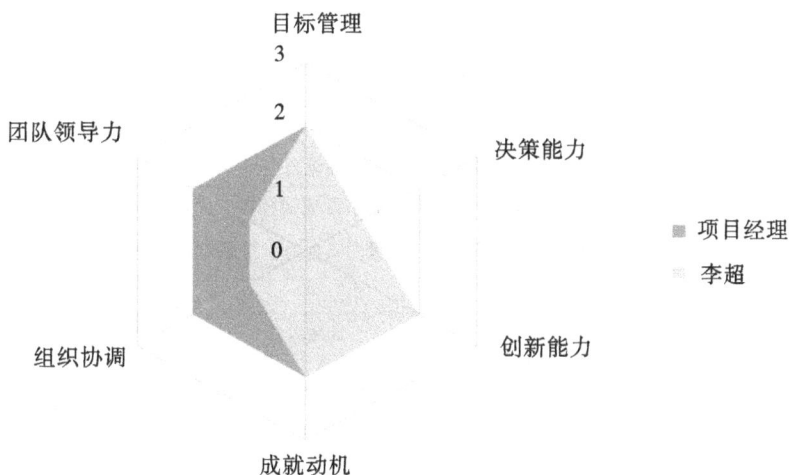

图6-11 李超的能力与目标岗位胜任力要求的差异

与李超目前所在岗位相比,其目标岗位强调管理职能,张经理和李
超决定将组织协调、团队领导力这两项胜任力作为重点发展领域,并据
此制订了详细的个人发展计划。根据人力资源部提供的培训资源体系,
两个人决定选择北京师范大学某教授的认证课程作为提升李超能力的方
法之一,除此以外张经理建议,目前部门正在进行的项目X是一个很好
的锻炼机会,在这个项目中,李超不但要发挥以往项目骨干的作用,还
要作为项目组的助理项目经理,主动开展客户沟通协调、帮助项目经理
协调与推动团队等工作。李超的个人发展计划如表6-6所示。

表6-6 李超的个人发展计划

个人信息（以下部分由员工本人填写）				填写日期：　年　月　日				
姓名	李超	性别	男	出生日期	1985年	籍贯	内蒙古	民族	汉
地点	北京	公司	S公司	部门	产品研发部	职位	TR3级程序员	入职日期	2011年7月
主要教育经历	起始日期		截止日期	学校		专业		学历	
	2008年9月		2011年6月	哈尔滨工业大学		软件工程		硕士	
	2004年9月		2008年6月	哈尔滨工业大学		计算机科学与应用		本科	
主要工作经历（包含公司内部调岗经历）	起始日期		截止日期	公司		部门		岗位	
	2011年7月		至今			产品研发部		程序员	

个人现状总结	
优势/专长：	扎实的计算机应用和程序编写专业功底；良好的沟通表达能力；逻辑思维严密、头脑灵活，对复杂问题的分析理解比较准确；具有创新意识，对产品有较好的体会感悟，并善于发挥创造性改进产品
当前不足：	在合理组织配置人、物、时间等资源完成任务方面还需要进一步提高；与团队其他成员一起群策群力、发挥团队合力，协助他人以及争取他人支持方面的能力有待提高

目前负责的工作/项目	工作/项目名称	具体内容	自我工作评价
工作内容	产品设计	通过与客户沟通，探寻客户需求，在深刻理解和透彻分析客户需求的基础上设计产品方案，然后与客户再次沟通，确定产品方案是否满足其需求	通常能比较准确地把握客户需求，但通常是单兵作战
	产品研发	在确认产品方案方向满足客户需求之后，通过编写计算机程序，实现这一方案，使程序能够流畅、安全运行	凭借扎实的专业功底，能完成大部分程序的编写工作，有时能够通过请教他人解决自己无法完成的复杂程序

个人发展目标				
职业发展目标（未来两年内的岗位目标）	本部门	产品研发部4级项目经理	其他部门	市场拓展部助理经理

（续表）

目标工作地点	北京			
	分类		现状及预期达到的目标	预估完成时间
个人发展目标	胜任力	组织协调	现状：缺乏会议主持方面的经验和技巧，工作中更多局限于点对点的沟通；难以根据沟通对象灵活选择沟通方式；缺乏与客户沟通以及方案展示讲解的经验	6个月
			期望目标：熟练掌握多人小组讨论的主持技巧，丰富与客户沟通及方案展示讲解的经验	
		团队领导力	现状：绝大多数情况下属于单兵作战，团队合作意愿欠缺，缺乏发现、分析与合理利用他人优劣势的意愿与能力，缺乏团队组建与激励经验	6个月
			期望目标：丰富团队组建与成员激励的经验，使团队成员清楚自己工作的价值，能够较准确地获得团队成员的优劣势并进行合理分工	
	其他		关注市场动态和产品研发新趋势，每月完成一篇市场动态和新趋势的分析报告	每月底

（续表）

个人发展计划（年度）：在 X 项目中锻炼提升胜任力		
发展项目	行动方案	资源支持
组织协调	(1) 组织相关多方人员（业务团队、相关部门等）参加并讨论项目组现有客户对信息技术方面的需求，促使大家对于项目需求的具体内容达成共识 (2) 汇总各方意见，并进行多次沟通后形成方案，向客户管理层汇报，取得客户管理层的支持，同时与公司内部高层沟通，使公司高层掌握项目立项阶段的相关信息 (3) 组织搭建信息技术平台，过程中沟通协调，合理取舍，确定优先次序，努力使各业务团队都积极参与进来 (4) 过程中，与外部单位，如软件中心、管理信息中心等沟通技术实现方案 (5) 做好立项准备，完成项目立项流程	内部导师： 进行业务指导和方向把握 给予资源支持（人、费用），必要时，与管理层进行沟通 外部导师： 分享工作进展及过程中的困难 舒缓工作过程中的压力，给予相应的建议
团队领导力	(1) 为了实现团队目标，通过会议等形式提出明确的工作标准 (2) 工作过程中加强对团队成员工作结果的反馈，激励表扬和批评相结合 (3) 定期召开团队例会：学习新的知识和技能；分享工作中出现的问题并提出解决方案 (4) 主动通过非正式方式与部门同事交流技术和问题解决方案等一系列工作难题，在此过程中发现每一位与之交流的同事身上的三个优点和三个待改进之处 (5) 综合考虑同事的优劣势，进行工作任务分配，在完成任务过程中发挥同事长处，相互支持配合，相互反馈意见，以实现团队目标和个人成长目标	内部导师：不定期地列席本团队的例会并给予指导 外部导师：交流团队建设过程中遇到的难题，讨论解决方案 课程：参加人才测评技术认证课程、关于团队激励、识人用人方面的团队管理课程

　　在接下来的阶段里，张经理作为李超的导师，不断地给予其辅导与反馈，协助李超向自己的职业发展新阶段迈进。

第三节　工具箱

一、任职资格评审结果反馈表

姓　　名：＿＿＿＿＿＿＿＿＿　　申请职位：＿＿＿＿＿＿＿＿＿

申请职级：＿＿＿＿＿＿＿＿＿　　评定结果：＿＿＿＿＿＿＿＿＿

任职资格评审结果反馈表

任职资格标准		职位要求	本人情况	与要求差距	平均结果	与平均结果差异	自评结果	与自评结果差异
基本条件	学历				−	−	−	−
	专业				−	−	−	−
	经验				−	−	−	−
专业成果条件							−	−
专业能力条件	专业知识						−	−
	专业技能						−	−
胜任力条件								
提升建议：								

二、员工个人发展计划表

个人信息（以下部分由员工本人填写）				填写日期：		年	月	日
姓名		性别		出生日期		籍贯		民族	
集团/区域		公司		部门		职位		入职日期	
主要教育经历	起始日期		截止日期		学校		专业		学历
主要工作经历（包含公司内部调岗经历）	起始日期		截止日期		公司		部门		岗位

个人现状总结	
优势/专长	
当前不足	

目前负责的工作/项目	工作/项目名称	具体内容	自我工作评价
工作内容			

个人发展目标				
职业发展目标（未来两年内的岗位目标）	本部门		其他部门	
目标工作地点				
	分类	现状及预期达到的目标		预估完成时间
个人发展目标	胜任力条件			
	其他			

个人发展计划（年度）：在 X 项目中锻炼提升胜任力		
发展项目	行动方案	资源支持

三、个人发展计划面谈指导手册

1. 准备	
（1）理解岗位要求	充分理解所处岗位所需知识技能和胜任力的构成和标准： ①包括职族/职级/岗位所需专业技能的内容和水平以及胜任力要素、等级及行为表现 ②对自己当前的各项专业技能、胜任力水平作出初步评估
（2）应该参照的资源	① 之前的个人发展计划 ②《本企业员工胜任力辞典》 ③《本企业各职族/职级/岗位任职资格标准标准》
2. 行动 （你现在正准备和上级讨论你的个人发展计划，下面是可能会讨论到的内容，具体的讨论内容可根据你和经理对你的需求的认识的不同而变化）	
（1）明确面谈目的	①个人发展计划面谈的目的是就一系列改进行动达成一致意见，这些行动能够提高你的绩效，使你能达成业务目标，实现职业发展 ②你的上级就你的个人发展计划各阶段的时间给出建议 ③你的上级描述组织下一年度所面临的业务挑战，每个员工都必须对实现组织业务目标做出贡献 ④你和上级一起讨论你今年怎样才能提高你的能力、技能和知识

（续表）

（2）和上级一起讨论你的职业兴趣、短期职业目标和长期职业发展目标	①你觉得你目前承担的工作任务、角色、职责中，哪些做得最好 ②现在工作中的哪个方面让你感到最有激情 ③你渴望在企业发展中承担什么工作角色、专业职责或者领导职责？你是否想要改变职业生涯道路，担任管理职位 ④你对什么工作有兴趣和热情 ⑤你对实现职业发展的期望和时间进度是什么？什么是你的职业发展优先级：领导力、个人成长、工作熟练性、专业能力或其他
（3）讨论你现在的胜任力、专业技能和经验积累	①你认为你今年需要改善哪些方面的专业知识和技能？为什么 ②你认为你今年需要改善哪些方面的胜任能力？为什么
（4）讨论需要改善的地方，并区分他们的优先级	①对于上面列出的需要改善的专业知识和技能，如何确认他们的优先级 ②对于上面列出的需要改善的胜任能力，如何确认他们的优先级
（5）讨论可以缩小差距的行动，并区分他们的优先级	①对于这些差距，什么样的行为有助于你减少这些差距，以实现今年的发展和业务目标？如何确认它们的优先级 ②这些行动需要获得什么样的支持？来自于谁
3. 反思 （在面谈之后，使用下列清单来帮助你回顾在讨论中学到了什么）	
思考个人发展计划面谈的价值	①这次讨论帮助你明确你的职业发展目标了吗 ②这次讨论使你更清楚地知道什么行动可以帮助你更接近你的短期目标和长期目标了吗

（续表）

4. 巩固与更新 （使用下列清单帮助你巩固面谈经验）	
讨论个人发展计划流程和你与经理必须采取的行动	①参阅《本企业个人发展计划（IDP）管理办法》，将其作为操作指南 ②为巩固面谈效果，提交你的个人发展计划 ③定期回顾总结个人发展计划的完成情况；至少在中期回顾的时候和上级讨论一次 ④当你完成了计划中的学习活动或者达到一个列出的目标时，更新你的个人发展计划

第七章　基于胜任力模型的组织人才盘点

人才盘点作为企业人力资源活动的重要基础，能够为企业人力资源管理其他模块的正常运转提供强有力的支持，因此如何正确组织企业进行人才盘点并取得准确的盘点结果，是企业人力资源管理体系能否健康顺利运转的重要保障。通过人才盘点，企业可以充分了解其关键岗位目前的人才数量和供给情况，为企业进一步做好人力资源规划工作提供人才现状的数据支持，从而保证人力资源规划工作的准确性。另外，通过人才盘点，企业可以详细了解目标岗位现有人才的能力水平现状，了解人才能力缺口，为企业的人才培养提供明确的、有针对性的培训需求，进而保证培训的有效性和适用性。最后，通过人才盘点结果反馈，被盘点对象可以对自身情况有更清晰的认知，从而有针对性地设计自己的职业发展路径，获得有效的自我提升。

鉴于人才盘点的重要基础性作用，很多企业都会定期采用年底述职以及定性评估的形式进行人才盘点。这些方法虽然简单易行，但由于缺乏科学的理论基础作为支撑，导致人才盘点的内容和深度不足，盘点结果缺少足够的说服力。引入胜任力模型作为组织人才盘点的理论基础，可以帮助企业提升人才盘点的效果，具体体现在以下三个方面。

1. 提供衡量人员能力的解决方案，同时兼顾人才质与量的盘点。

人才盘点的作用之一是帮助企业找到高潜人才，并对其进行有针对性的培养和使用，形成本企业的核心竞争力，从而获得企业的可持续发展。高潜人才是指具有卓越的绩效产出及未来发展潜力的人才。为找到高潜人才，企业需要对人员业绩和能力水平进行盘点，两者缺一不可。对人员能力进行衡量就需要有衡量标准，这就是胜任力模型。胜任力模型为衡量人员能力提供了标尺和工具，能够使人才盘点兼顾人才的质和量两个方面。

2. 保证人才盘点标准和规范的统一性。

通过胜任力模型，企业可以详细了解每个岗位对于不同人才能力的要求，建立统一的人才评估标准和规范，保证每个被盘点的员工都能获得公平和公正的评价，提升人才盘点的准确性，减少企业因为盘点结果而引发的争议和不必要的人才流失。

3. 盘点结果易于应用到后续工作中。

根据胜任力模型进行人才盘点，不仅能够使企业明确人员现状，更可以明确指导企业进行开展后续的招聘、培训、晋升等人力资源工作。例如，对照各岗位应具备的胜任力对现有人员的能力进行盘点，可以使企业了解到现有人员具体的能力缺口，这样企业就可以直接针对这些能力缺口开展对应的人才培训和设计培养方案。

那么，如何建构基于胜任力模型的组织人才盘点机制呢？本章下面的内容将分别介绍基于胜任力模型的组织人才盘点机制的技术方法、应用实例和工具箱。

第一部分，技术方法：对构建基于胜任力模型的组织人才盘点机制的技术方法、实施步骤进行剖析，详细说明管理者如何利用已有的胜任力模型开展相关工作。

第二部分，应用实例：通过某成熟企业具体的操作实例，展示如何通过胜任力模型来搭建有效的人才盘点机制。

第三部分，工具箱：这一部分将汇集建构基于胜任力模型的组织人才盘点机制常用的经典工具和模板，方便读者随时查阅、使用。

第一节　技术方法

基于胜任力模型的组织人才盘点主要包括三个方面的内容，即人才盘点前准备、组织基于胜任力模型的人才盘点和人才盘点结果的后续应用与更新。

在开展人才盘点工作之前，企业应该做好以下三个方面的准备工作：一是企业需要通过人力资源规划，确定企业未来发展的人才缺口；二是通过核心岗位评定，确定需要进行人才盘点的关键岗位；三是针对关键岗位的胜任力模型，确定岗位人才能力的评定标准。

在做好以上准备工作的基础上，企业就可以开始组织基于胜任力模型的人才盘点工作，具体包括收集绩效数据信息和胜任力评估结果；召开人才盘点会；盘点会后，对盘点的结果进行整理并对参与盘点的员工予以反馈，保证盘点结果科学严谨，并为下一步的盘点结果应用打好基础。

得到人才盘点结果之后，企业还需要建立人才盘点结果的后续应用与更新机制。企业需要针对最终的盘点结果，对不同状况的员工，做好进一步的发展规划。同时，企业还需要建立人才盘点体系的持续更新系统，以便对人才发展状况进行动态监控。基于胜任力模型的人才盘点技术路线如图 7-1 所示。

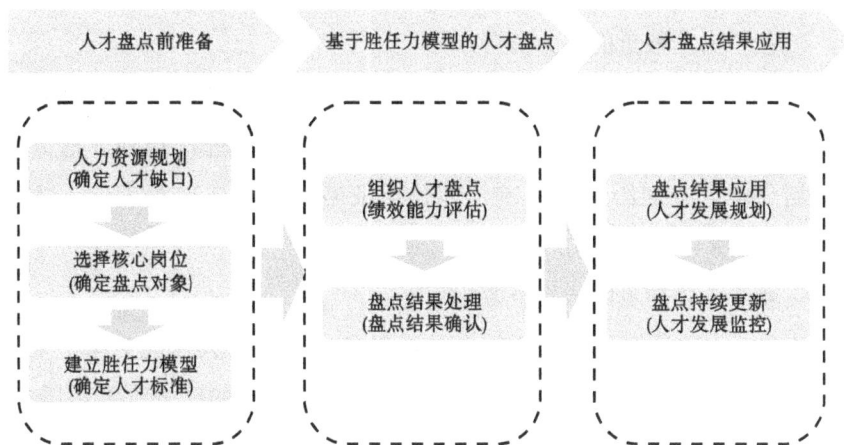

图 7-1　基于胜任力模型的人才盘点技术路线

一、人才盘点前准备

好的开始是成功的一半，而好的开始来自于精心的准备。下面将就人才盘点前的准备工作，即进行人力资源规划、选择需要进行盘点的核心岗位以及建立岗位胜任力模型三个方面进行逐一介绍。

（一）进行人力资源规划

在进行基于胜任力模型的人才盘点之前，第一项准备工作就是进行有效的人力资源规划，以为进一步选择需要盘点的关键核心岗位提供重要的参考。人力资源规划工作一般包括三个方面的内容：基于组织的人力资源规划、基于人才数量的人力资源规划和基于人才质量的人力资源规划。

1. 基于组织的人力资源规划

基于组织的人力资源规划是指根据企业未来的发展战略和对市场变化的预期，从组织层面对人力资源进行规划。基于组织的人力资源规划的重点在于规划组织未来岗位设置和各层级人才比例，这是人力资源其他规划工作的重要基础。

2. 基于人才数量的人力资源规划

基于人才数量的人力资源规划是指在基于组织的人力资源规划的基础上，对各个岗位、各个层级对人才的数量要求进行规划。这方面的规划受多个方面因素的影响，如公司战略、市场成熟程度、人才流失率等。

3. 基于人才质量的人力资源规划

基于人才质量的人力资源规划是指对各个岗位的人才能力水平要求进行规划。进行该种规划时，一方面要基于人才现有的能力水平和层次，另一方面也需要考虑企业未来发展对于人才提出的新要求。基于人才质量的规划更多的是对于人才能力水平进行规划。

关于人力资源规划的详细内容和方法工具等，读者可参见本书第二章——基于胜任力的人力资源规划的相关内容。

（二）选择需要进行盘点的核心岗位

进行人才盘点时，企业经常遇到的一个问题是如何选择关键岗位进行盘点。特别是对于那些刚刚引入人才盘点机制的企业来说，面对有限的资源，更多的是选择那些重要且急需的岗位优先进行人才盘点。

企业在选择需要进行盘点的核心岗位时，一般需要重点考虑以下两个方面的因素。

第一，岗位的重要性。企业需要对岗位价值进行分析，确定不同岗位对于企业整体战略实现和业绩达成的贡献程度，也就是分析各个岗位在公司价值链中发挥的作用的大小。对于那些贡献高、在价值链中处于核心地位的岗位，应该优先考虑为其进行人才盘点。

第二，岗位人才缺口。企业需要考虑不同岗位在企业未来发展中的人才缺口数量。人才缺口数量是指企业未来发展需要通过该岗位的下级晋升而填补的人才空缺数。对于那些空缺较大的岗位，应该优先考虑为其进行人才盘点。

1. 岗位的重要性

岗位的重要性需要从两个方面进行综合考虑，分别是岗位当前的价值和岗位在企业未来发展中体现出的价值。

（1）岗位的当前价值

首先，岗位重要性的评定应着眼于当前的实际情况。对当前的岗位重要性的评估主要采用岗位价值评估的方法，包括岗位参照法、分类法、排列法和因素比较法等。

岗位参照法是指用已有岗位价值评估等级的岗位来对其他岗位进行评估的岗位价值评估方法。该方法的重点在于发挥岗位与岗位之间价值的对比效应。利用岗位参照法确定岗位价值的主要步骤为：首先，成立岗位价值评估小组，小组的成员可以包括企业的高级管理者、员工代表和外部专家等；岗位价值评估小组首先对企业最具代表性的几个岗位进行评定，确定岗位价值评估的参照点（标准岗位），若企业已经有评估过的岗位，则直接选出被员工认同岗位价值的岗位即可；评估小组根据标准岗位的工作职责和任职资格要求等信息，将类似的其他岗位归类到这些标准岗位中来，并根据每个岗位与标准岗位的工作差异，对这些岗位的价值进行调整，从而最终确定所有岗位的岗位价值，具体内容如图7-2所示。

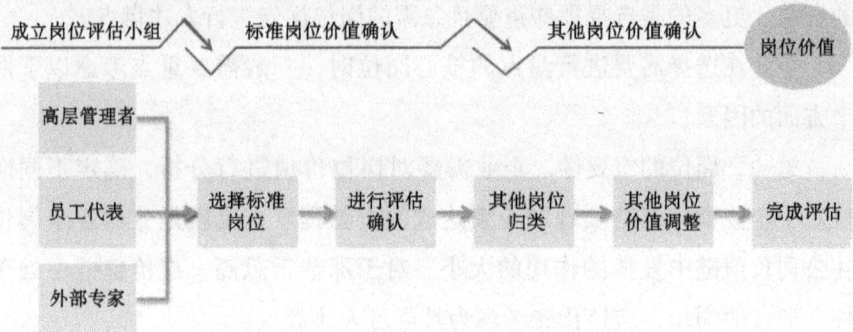

图7-2　岗位参照法确认岗位价值的步骤

分类法与岗位参照法有些相似，不同的是，分类法没有进行参照的标准岗位。分类法是将企业的所有岗位根据工作内容、工作职责、任职资格等方面的不同要求，分为不同的类别，一般可分为企业管理类、职能支持类、专业技术类及客户营销类等（见图7-3）。然后，给每一类确定一个岗位价值的范围，并且对同一类的岗位进行排列，从而确定每个岗位不同的岗位价值。

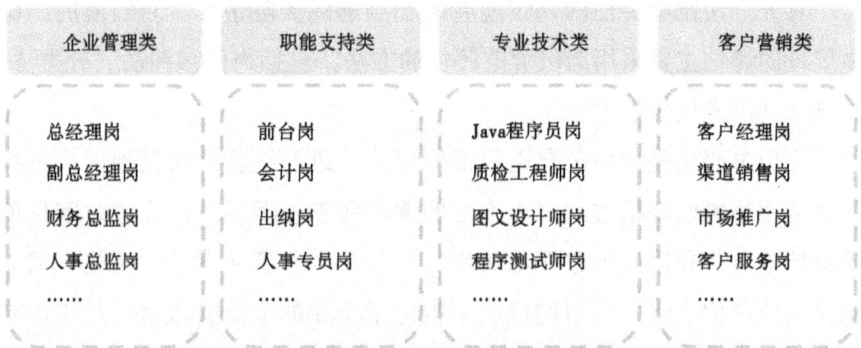

企业管理类	职能支持类	专业技术类	客户营销类
总经理岗	前台岗	Java程序员岗	客户经理岗
副总经理岗	会计岗	质检工程师岗	渠道销售岗
财务总监岗	出纳岗	图文设计师岗	市场推广岗
人事总监岗	人事专员岗	程序测试师岗	客户服务岗
……	……	……	……

图7-3　岗位常见分类

排列法是指根据工作内容、工作职责、任职资格等方面对所有岗位进行排序的岗位价值评估方法。比较科学的岗位排列法是双岗位对比排列法，其具体步骤是：首先，成立岗位价值评估小组，小组成员的构成与岗位参照法相同；由岗位价值评估小组对企业所有岗位进行两两对比，对价值相对较高的岗位计"1"分，对另一个岗位计"0"

分；所有岗位两两对比完后，将每个岗位的分数进行汇总，总分最高的岗位价值最高，依次排序，就可以评估出所有岗位的价值，具体内容如图7-4所示。

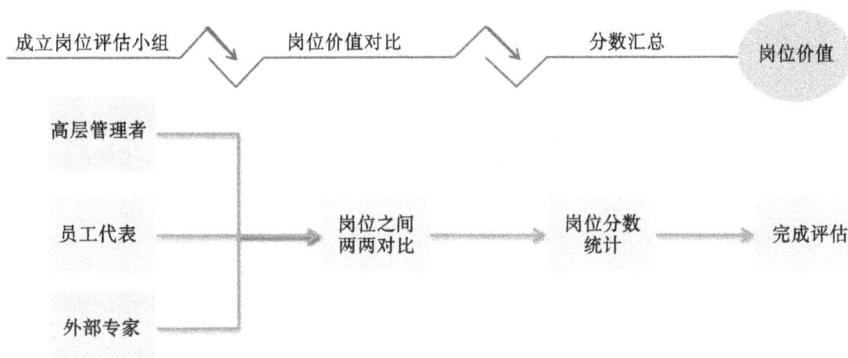

图7-4 排列法确认岗位价值的步骤

双岗位对比排列法用表如表7-1所示。

表7-1 双岗位对比排列法用表

	岗位1	岗位2	岗位3	岗位4	岗位5	岗位6	……	总分
岗位1		0	0	1	0	1	1	3
岗位2	1		1	1	0	0	1	3
岗位3	1	0		1	0	0	0	2
岗位4	0	0	0		1	1	0	2
岗位5	1	1	1	0		0	1	4
岗位6	0	1	1	0	1		1	3
……	0	0	1	1	0	0		2

因素法是指在充分了解和分析具体岗位的岗位职责及任职资格的基础上，抽取出若干个要素，根据每个岗位对这些要素的不同要求而得出岗位价值的岗位价值评估方法。因素法目前是应用最广且最为科学的岗位价值评估方法，其具体的评估步骤如下：首先成立岗位价值评估小组，小组的成员构成与岗位参照法类同；评估小组需对参与评

估的所有岗位的岗位职责和任职资格进行充分的了解和分析，并应用
岗位价值评估工具，对各个岗位进行打分；最后，由数据统计人员对
打分后的结果进行数据统计分析，并根据各个岗位的得分结果确定不
同岗位的价值（一般来讲，得分越高，说明岗位越重要）具体内容如
图 7-5 所示。

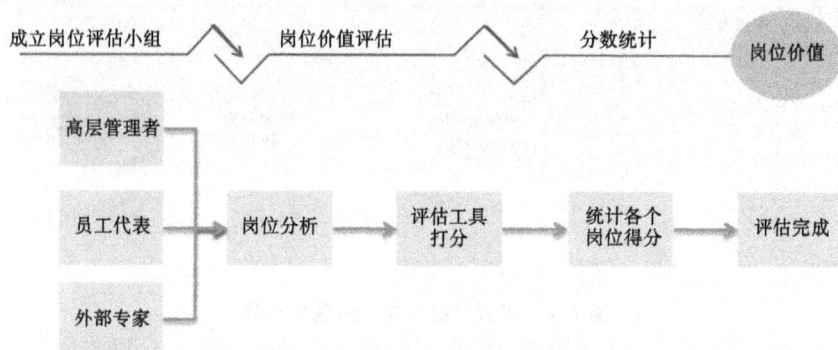

图 7-5　因素法确认岗位价值的步骤

常用的岗位价值评估工具有：海氏评估系统、IPE 系统、JOB LINK
系统和 GGS 系统。其中海氏评估系统适用于知识密集型企业，其他三类
同时适用于知识企业和劳动密集型企业。JOB LINK 系统适用于中小型企
业的岗位评估，IPE 系统和 GGS 系统对于大中型企业较为适用，海氏评
估系统在公司规模上没有严格的要求，四种评估系统各有优势和不足，
具体如表 7-2 所示。

表7-2 评估工具对比分析

影响要素	海氏评估系统	IPE 系统	Job Link 系统	GGS 系统
类型	知识	知识/劳动	知识/劳动	知识/劳动
公司规模	大中小	大中	中小	大中
特点	弱化工作环境和劳动强度对职位的影响，缩小劳动强度和工作环境上的差别	倾向于劳动投入型的公司，岗位责任的约束力更强，不同类型、层级的岗位责任大小和性质有明显差距	岗位要素选择客户化，针对不同的企业可进行要素调整，特别是手工、生产和运输类企业	与公司发展战略紧密连接，进行职等段归类后，可以有效地确定跨区域的公司职位等级
	操作相对复杂，要求评估人员具备一定的能力，需要消耗大量的时间、人力和物力	IPE 系统操作简单，评估过程简单，但评估内容繁多	在大公司中使用时会造成大量职位等级相同、等级不清的情况	操作复杂，术语繁多，等级划分复杂，需要评估人员具有一定的能力和专业素质

（2）岗位在企业未来发展中体现出的价值

岗位在企业未来发展中体现出的价值主要是根据企业未来的发展战略和市场发展的相关预期决定的。尤其是那些处于高速发展期和面临市场环境急剧变化的企业，其岗位价值的大小除了要着眼于当前各个岗位对于企业的贡献大小，更应该考虑未来 2 ~ 3 年岗位价值的变化，如科技产业、IT 产业等。对于岗位在企业未来发展中体现出的价值的评估，可参考上面所介绍的评估方法进行。

企业在确定岗位价值时，应综合岗位当前价值和未来价值，给予不同的权重，最终确定企业中各个岗位的价值大小，具体计算公式如下：

岗位价值 = 岗位当前价值 × $X\%$ + 岗位在企业未来发展中体现出的价值 × （1 − $X\%$）。

其中，X 是指岗位当前价值占最终岗位价值结果的权重，企业发展越迅速，市场变化越剧烈，X 的数值应该越小，但 X 的数值一般不低于50。

2. 岗位的人才缺口

岗位人才的缺口主要是指岗位在未来一段时间内，可能需要补充的人才数量，这里主要是指需要从该岗位的下级晋升而填补的人才空缺数。岗位人才缺口同样需要从企业岗位当前需要和岗位未来发展需要两个方面进行综合考虑。人才缺口数的计算公式如下：

人才缺口数量＝该职位未来需要的人数 − 现有人数 − 拟外部招聘人数 + 可能离职人数 + 可能晋升到上层的人数。

人才缺口数量分析应该是自上而下的过程，上层的人才缺口数直接决定了下层可能晋升到上层的人数。对于那些空缺较大的岗位，应该优先考虑为其进行人才盘点。

综上所述，对于那些岗位价值较高且才人缺口较大的岗位，应优先对其进行盘点。具体的人才盘点优先顺序如图7-6所示。

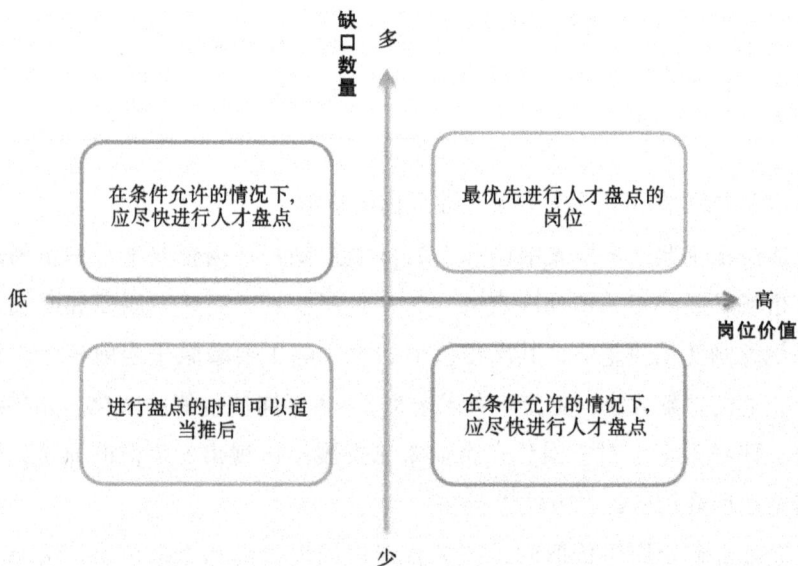

图7-6　人才盘点优先顺序

（三）建立岗位胜任力模型

基于胜任力模型的人才盘点的第三个方面的准备工作是建立需要盘点岗位的胜任力模型。一般来讲，人才盘点所应用的胜任力模型最好是能够按照等级进行划分，每个胜任力应按照从低到高划分出不同的等级要求，一般会分成 3 ~ 5 个不同的等级，具体如表 7-3 所示。

表 7-3　胜任力模型示例

胜任力	综合分析	
定义	能够对问题做出理性分析，综合考虑事物的各个方面，理清因果联系和主次矛盾	
行为指标	Level1：分析思考符合常理	• 能够找出不同任务或事物之间的简单因果关系 • ……
	Level2：找到关键问题	• 面对多个问题，能够理清相互间的联系，找到关键问题 • ……
	Level3：多角度找到本质和根本原因	• 能够透过事物的复杂表象，准确把握问题产生的根本原因 • ……
	Level4：运筹帷幄，把握全局	• 从战略角度出发，综合分析复杂的市场状况，制定正确的发展方向 • ……

同时，不同岗位的胜任力模型应有所区别，且同一岗位类型在不同层级上的胜任力要求应该有所差异，具体内容如表 7-4 所示。

表7-4　建立岗位胜任力模型

岗位类型 胜任力	程序			生产			销售		
	总监	经理	主管	总监	经理	主管	总监	经理	主管
市场拓展							3	2	1
综合分析	4	3	2	3	2	1	3	2	2
学习能力	3	3	2	2	2	1			
创新能力	4	3	2						
成本意识				3	2	2	2	2	1
责任心	3	3	2	4	3	2	3	3	2
成就动机	3	2	2	2	2	1	3	3	2
沟通表达	2	2	1	3	2	1	4	3	3
组织协调	2	2	1	3	2	1	3	2	2
关系管理							3	2	1
团队建设	3	2	1	3	2	1	2	2	1

从表7-4中我们看出，针对不同的岗位，胜任力模型的构成应有所区分，而在同岗位类型的不同职位上，对于胜任力的要求标准也应有所不同。表格中的数字代表了该岗位在职人员应具备的胜任力要求的等级，一般来说，随着级别的提升，胜任力的要求也应有所提升。

建立岗位胜任力模型，可以在为不同岗位的在职人员进行能力和潜力盘点评估时提供较为准确的评定标准，从而减少了评估缺乏统一依据的风险，提高了评估的准确性和科学性。

二、基于胜任力模型的人才盘点

基于胜任力模型的人才盘点是人才盘点的核心，也是决定人才盘点工作最终是否能够达到预期效果的关键。

基于胜任力模型的人才盘点主要由两个部分组成，分别是组织人才盘点和人才盘点结果处理。

（一）组织人才盘点

组织人才盘点是指人才盘点的具体执行和评估的过程。一般来说，人才盘点主要是从两个方面评价员工，分别是员工的绩效表现和能力潜质，企业可以通过人才盘点会的形式，对需要进行盘点的员工进行讨论并得出盘点结果。

1. 员工的绩效表现

员工的绩效表现主要是指该员工在过去的一年或两年里的个人绩效成绩。绩效考核的数据可以从多个角度进行获取，如员工的绩效考核成绩（业绩、获利、生产力评估等）、直属主管或专家的评估、同事的评估、下属的评估以及对于该员工绩效表现的综合评价。绩效考核数据可以由人力资源部直接提供，对于没有考核数据的企业，也可以通过发放绩效评估表的形式，由他人进行评价、确定。绩效评估表的样式如表7-5所示。

表7-5　员工绩效评估表

评价者姓名	评价对象				评分说明
评价者所在部门	张××	刘××	赵××	……	评价分数为 1～7 分，1 为不合格，7 为非常优秀
员工的工作态度	6	5	7	……	
员工与他人协作情况	5	4	6	……	
员工的绩效目标完成情况	5	5	7	……	
……	……	……	……	……	

对于获取到的员工绩效表现数据，人力资源部等相关部门需要进行综合比较和分析，一般来说，需要将目标岗位员工的绩效考核结果按照标准分成高、中、低三个不同的层级。对于绩效成绩在总体中排名靠前的员工（一般为前27%，企业可根据自身需要进行调整），定义为绩效表现为"高"的员工；对于绩效成绩在总体中排名后的员工（一般为后27%，企业可根据自身需要进行调整），定义为绩效表现为"低"的员工；其他中间部

分的员工，定义为绩效表现为"中"的员工，具体如图7-7所示。

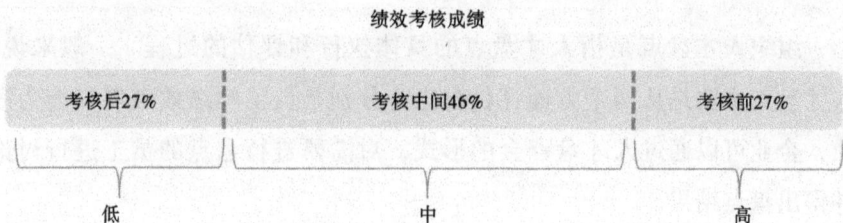

绩效考核成绩

考核后27%	考核中间46%	考核前27%
低	中	高

图7-7 绩效考核成绩划分

2. 员工的能力潜质评估

员工的能力潜质评估主要是针对目标岗位员工的专业知识技能和胜任力进行评价，其评价方法包括访谈法、问卷法、行为化面试和专业笔试等。

（1）访谈法

访谈法是指根据事先设计好的访谈提纲，对目标岗位的员工和其直属上级进行访谈，获取员工日常具体的行为表现，进而评价员工的能力潜质水平的一种方法。访谈获取信息的优劣很大程度上取决于访谈提纲设计的好坏和访谈者自身的专业水平，访谈提纲应围绕岗位具体的胜任力模型，针对每项胜任力设计相应的访谈题目，并结合员工讲解的具体事例，确定员工的能力潜质水平。访谈者可以是企业人力资源部相关人员、目标岗位的直属上级以及第三方专业人员。

访谈法对于访谈者本身的要求较高，且在时间上的花费也相对较高，在能力潜质评估时，更多是作为其他评估方法的补充和验证。

（2）问卷法

相对于访谈法，问卷法的操作更加简单且最为节省时间，是指通过发放问卷的形式，获得目标岗位员工能力潜质的综合评价，经过数据处理分析，进而确定每一个员工的能力潜质状况的一种方法。常用的问卷法主要有360度评估和能力测验两种。

360度评估又称360度全方位评估或多源评估，该项评估是由与被评估者有密切关系的人，分别匿名对被评估者进行评估，同时，被评估者也要进行自评；然后，专业人士根据他人的评估结果，对比自评结果，出具评估报告并向被评估者提供反馈，帮助被评估者提高能力水平和业绩。一般来说，360度评估的实施过程包括四个步骤：准备、现场实施、数据处理和结果呈现。具体的360度评估的实施方法请参见本书第四章——基于胜任力模型的绩效管理。

能力测验主要是指根据建立的岗位胜任力模型，有针对性地设计测验问卷，对目标岗位的任职者进行发放，并根据任职者作答的情况进行整理分析，从而确定每一位员工的能力素质水平的一种方法。能力测验的难点在于怎样根据建立的胜任力模型设计出有效的问卷。具体的问卷设计一般都是由外部专业人员完成。能力测验的实施可以通过在线测验和纸笔测验两种方式完成。

（3）行为化面试

行为化面试主要是指根据建立的岗位胜任力模型，设计相应的行为化面试题目，并根据员工过往的实际经历来确定其能力潜质水平，不受诸如学历、年龄、性别、外貌、非语言信息等方面的影响。

行为化面试是目前评估人才能力潜质水平有效性最高的方法，但是它对工具和测评者的要求较高，一般需要由外部专业咨询公司组织实施，所以花费的成本也较高，一般企业针对最核心岗位进行盘点时多采用这种方法。关于行为化面试的具体方法和步骤请参见本书第三章——基于胜任力模型的人才招聘与甄选体系。

（4）专业笔试

专业笔试主要是指针对目标岗位在职人员的专业知识和技能水平进行的测试，用于考察员工解决具体专业问题的方式和方法。专业笔试一般由企业自己组织测试，但是由于其关注的是员工的知识和技能水平，并没有从员工的潜力上进行考察，所以一般作为对其他方法的一种补充和完善。

通过以上多种方法收集到的员工能力潜质数据，同样需要按照得分的高低划分为高、中、低三个不同的层级，具体的划分方法与绩效表现的划分方法相同。

3. 人才盘点会

通过对绩效表现成绩和能力潜质数据的收集、整理和分析，企业的相关管理者已经掌握了对于目标职位每一名任职者的相关信息，下一步就需要组织针对不同岗位的人才盘点会确认人才盘点结果。

盘点会的主要参加对象为目标岗位的直接上级和间接上级，由其针对目标职位的每一位在职人员的能力潜质和绩效表现进行讨论，并对前期收集到的绩效表现和能力潜质数据进行修正，填写人才盘点评估表（见表7-6）。

表7-6　盘点评估表

姓名		性别		出生日期		学历	
所在部门		目前岗位、职级、年限			之前岗位、职级、年限		
教育背景	种类	毕业日期		毕业院校		所学专业	
能力潜质	综合分析	学习能力	创新能力	责任心	团队建设	专业能力	综合评价
							高 中 低
	评分标准：每项评价指标满分为100分，表现突出95～100分，良好85～94分，一般70～84分，较差70分以下						
绩效表现	业绩综合评定				评定结果		
					高　中　低		
	填表日期：　　　　　　　　姓名：						

最后，企业针对所有与会人员的评定结果进行综合讨论，并对目标岗位上的每一名员工进行业绩表现和能力潜质评估。

（二）人才盘点结果处理

人才盘点结果处理由两个方面构成：一是对盘点结果进行整理分析，生成人才盘点九宫格；二是由专业人员就人才盘点的结果与员工进行沟通反馈，促使每一名员工都达成对盘点结果的认同。

· 208 ·

1. 人才盘点结果整理分析

人才盘点结束后，人力资源部相关人员需对盘点结果进行综合比较，最终将目标岗位上的每一名员工纳入由业绩表现和能力潜质组成的二维表中，组成人才盘点九宫格，具体如图7-8所示。

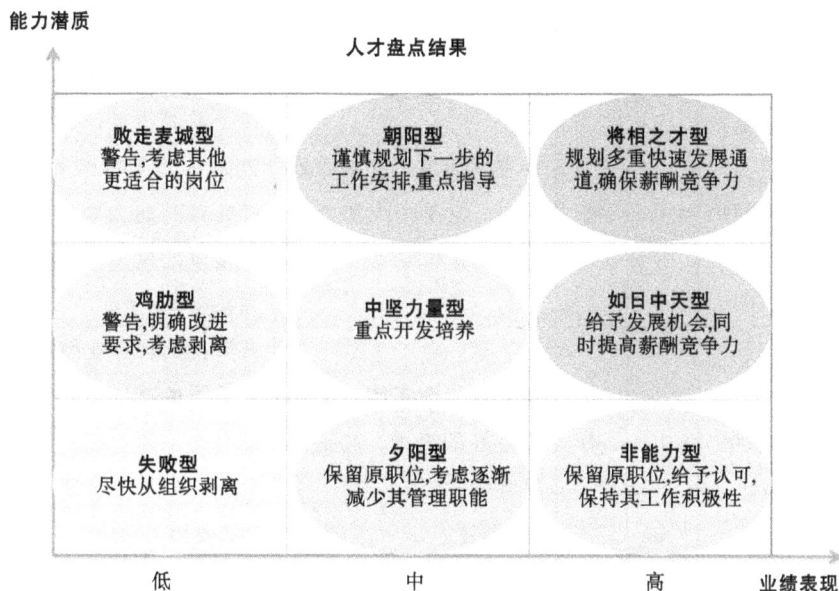

能力潜质

人才盘点结果

败走麦城型 警告,考虑其他 更适合的岗位	朝阳型 谨慎规划下一步的 工作安排,重点指导	将相之才型 规划多重快速发展通 道,确保薪酬竞争力
鸡肋型 警告,明确改进 要求,考虑剥离	中坚力量型 重点开发培养	如日中天型 给予发展机会,同 时提高薪酬竞争力
失败型 尽快从组织剥离	夕阳型 保留原职位,考虑逐渐 减少其管理职能	非能力型 保留原职位,给予认可, 保持其工作积极性

低　　　　　　　中　　　　　　　高　　业绩表现

图7-8　人才盘点九宫格

人才盘点九宫格中明确了每一个员工的优势和不足，同时可以根据其特点，为不同类型员工安排不同的发展规划，具体内容如表7-7所示。

表7-7　人才类型特点及发展建议

类型	能力 潜质	业绩 表现	特点	建议
将相之才型	高	高	在潜能、岗位胜任力、个人魅力和公信度方面表现优秀，且取得优秀的业绩	为其规划多重快速发展通道，确保薪酬竞争力，优先考虑为其安排更重要的工作或进行职位提升

（续表）

类型	能力潜质	业绩表现	特点	建议
朝阳型	高	中	在潜力和岗位胜任力上表现优秀，且个人绩效良好	谨慎规划下一步的工作安排，让业绩优秀的员工给予其重点指导，加快其业绩水平的提升
如日中天型	中	高	在现有岗位上业绩表现突出，但是个人能力上还有提升空间	给予发展机会，在业绩方面督促其继续保持，并针对其能力短板，安排相应的发展，同时提高薪酬竞争力
中坚力量型	中	中	在业绩和个人能力上都有良好的表现，但是都不突出	在保持其现有业绩和能力水平的基础上，对其能力水平和业绩达成方法进行提升，争取尽快取得突破
败走麦城型	高	低	具备很强的个人能力，但是缺少业绩达成的方式方法	分析其业绩不佳的原因（例如市场因素、人岗匹配等），考虑是否需要为其调换合适的岗位或为其制订具有针对性的提升计划
非能力型	低	高	个人在现有岗位业绩有突出的表现，但是在更高职位上的发展潜力不足	在原岗位或同类岗位上留用，给予一定支持，尽量延长其目前的良好状态，并给予一定激励
鸡肋型	中	低	个人具备一定的能力潜力，但是在目前岗位上绩效表现较差	对其绩效表现提出警告，并为其明确改进要求，在条件允许的情况下，考虑将其从组织中剥离

（续表）

类型	能力潜质	业绩表现	特点	建议
夕阳型	低	中	个人在目前职位上的绩效表现还可以，但是已经没有了进一步提升的潜质	保留原职位，考虑逐渐减少其管理职能和挑战性工作，为其安排更多的事务性工作
失败型	低	低	个人能力和综合表现都较差	应考虑尽快将其从组织中剥离

2. 盘点结果沟通反馈

盘点结果产生后，需要由专人对每一名员工的盘点结果进行沟通和反馈，一方面便于对盘点结果进行进一步的修订和明确，保证员工对于结果的接受程度；另一方面，通过反馈沟通，帮助员工尽快找到自身的发展方向，实现自我提升。

反馈人员一般由目标岗位员工的直属上级担任，反馈的内容主要包括盘点结果（包含绩效表现和能力潜质评估结果）、上级领导对于员工下一步发展的建议及员工自身对其发展的看法等，帮助员工制订相应的发展计划。

在进行盘点结果反馈时，领导者应该注意对盘点结果不好的员工进行反馈的方式和方法。对于盘点结果优秀或良好的员工，其对于盘点结果较容易接受，而对于那些盘点结果不佳的员工，领导者在进行反馈时，可以采用"汉堡包"反馈方式，首先对员工的表现进行肯定，然后提出其不足的方面，最后再对员工进行必要的鼓励，保证反馈过程能够在良好的氛围下进行。对于绩效表现优秀但是能力潜质不高的员工，应重点肯定其对于公司业绩达成方面的贡献，鼓励其进一步保持并提升；对于能力潜质较高但绩效表现不佳的员工，应重点强调其未来发展的潜质，帮助员工找到绩效不佳的原因，并提供相应的帮助，必要时可以征求员工的意见，考虑为其进行转岗；对于绩效表现和能力潜质盘点结果都不佳的员工，在反馈的过程中，应重点关注员工的情绪变化，对于结果的告知，应适当采用婉转的方式。

三、人才盘点结果应用

在完成人才盘点后，企业应进一步考虑对于盘点结果的应用，这部分主要包含两个方面的内容，分别是人才盘点结果的具体应用和人才盘点持续更新机制。

（一）人才盘点结果应用

人才盘点不是结束，而是开始。人才盘点是针对目标岗位进行能力潜质和绩效表现的综合评定，评定结果应用的好坏，直接决定了人才盘点的意义和价值。通常情况下，人才盘点结果的具体应用主要体现在晋升、薪酬和人才发展三个方面。

1. 人才盘点结果应用于晋升

人才盘点九宫格为我们提供了一个对目标岗位现有人才能力潜质和绩效表现的全面系统的认知，帮助企业的管理人员更清楚地了解了自己下属的情况，进而为实现合理晋升、建立企业人才梯队提供了可能。

在决定哪些员工可以进入晋升提名名单时，应首先考虑那些在绩效上表现优秀、且能力潜质同样优秀的员工（也就是人才盘点九宫格中的"将相之才型"），因为这些员工的能力已经符合并超出了目前岗位的要求，且已经具备了晋升的基本条件。企业管理者可以综合评定员工的企业忠诚度、发展潜力等其他多方面的内容，最终决定谁能够得到晋升，而其他那些同样表现优秀，但是没有得到晋升的员工，可以组建成上一级岗位的后备人才库，在企业需要时，可以及时选任这部分员工补充到更高的层级中，避免因为某位管理者离职而造成企业的措手不及。

2. 人才盘点结果应用于薪酬

现如今，企业的竞争更多地体现在人才的竞争，如何减少人才流失，增加人才对于企业的忠诚度是每个企业都需要关注和解决的重要问题。除了为员工安排合理的发展规划，给表现突出的员工以更重要的职位外，企业也同样需要注重在薪酬方面的投入。

根据人才盘点的结果，对于那些表现优秀的员工，企业在进行薪酬调整时应该重点关注，予以他们更优厚的待遇，将更多的用人成本投入到合适的员工身上，让员工感觉到自己的价值；对于那些表现不佳的员工，可以考虑不对其进行薪酬调整，甚至考虑为其降薪。

3. 人才盘点结果应用于人才发展

通过人才盘点，企业管理者可以获得员工的绩效表现和能力潜能现状，并可以根据这些信息为员工安排合适的发展计划，具体如图 7-9 所示。

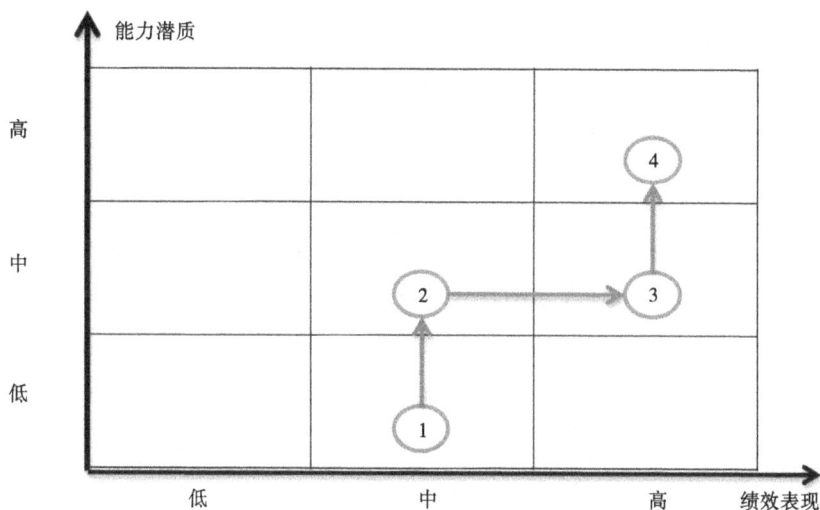

图 7-9　人才盘点结果应用于人才发展说明

对于那些绩效表现突出，但是能力潜质有待提高的员工，管理者可以根据其在人才盘点中能力潜质各个维度上的得分，确定其能力短板，从而为其找到具有针对性的发展方向，并安排相应的培训课程，以提升其能力水平，具体分析内容如表7-8所示。

表7-8　能力潜质培训分析

胜任力	得分	提升需求	可用课程
综合分析	80		
学习能力	65	★★	时间管理、如何提升学习效率
创新能力	70	★	如何进行突破性思维
责任心	85		
团队建设	60	★★★	如何打造高效团队
专业能力	75	★	专业能力课程

对于那些能力潜质表现突出，但是绩效表现有待提高的员工，管理者可以通过一对一座谈的形式，帮助下属找到绩效不佳的原因，考虑为其安排企业内部绩效帮扶导师，帮助其提升绩效成绩。

（二）人才盘点持续更新机制——人才"蓄水池"

人才盘点的结果对人才的评价并不是一成不变的，而是需要不断更新和完善，保证人才盘点结果的长期有效，具体体现在建立动态的人才"蓄水池"。企业应根据人才盘点结果，将表现优秀的员工纳入上一级岗位的后备人才库，也就是岗位的人才"蓄水池"。人才"蓄水池"需要根据员工的能力潜质和绩效表现的变化进行及时的更新，具体表现为人才"蓄水池"进入机制和退出机制。具体如图7-10所示。

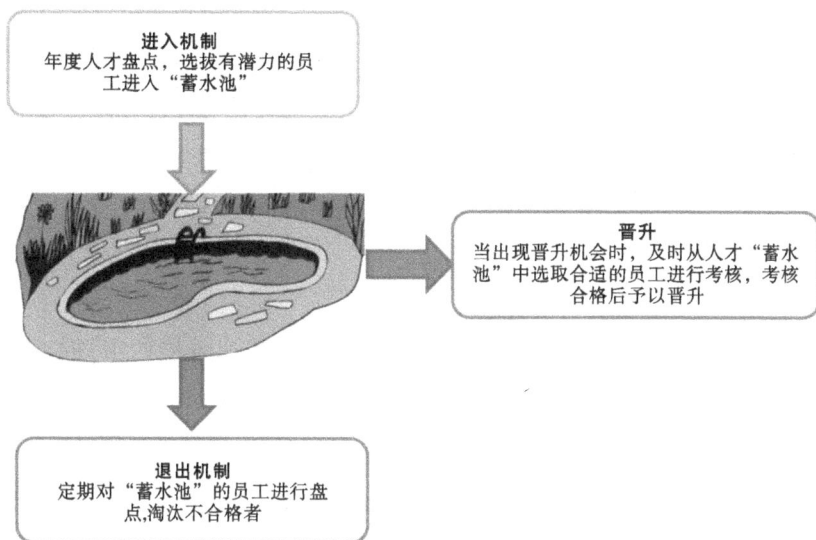

图7-10　人才"蓄水池"更新机制

1. 人才"蓄水池"进入机制

企业定期进行人才盘点，根据盘点结果，重点选择那些在绩效表现和能力潜质上都表现较为优秀的员工，将其放进人才"蓄水池"中，对这部分员工进行重点培养，并在条件允许的情况下，安排员工轮岗或晋升。

2. 人才"蓄水池"退出机制

除了人才准入机制外，企业需要定期对"蓄水池"中的员工进行评定，确定员工是否继续保有留在"蓄水池"中的资格。

企业根据需要，定期对"蓄水池"内的员工进行评估，重点考查员工的培养效果及成长情况，通过各种测评手段，重新界定员工在人才盘点九宫格中的位置，对于那些没有达到预期培养效果的员工予以重点关注，考虑修改其提升计划，同时淘汰掉不符合要求的员工，保持人才"蓄水池"的流动性。

通过上述方式，可以为企业每个关键职位建立相应的人才"蓄水池"，提取相应职位的继任者名单，保证企业在高速发展的同时，兼顾企业自身人才的储备，为企业建立长效、规范的用人机制打下坚实的基础。

第二节　应用实例

一、背景信息

　　某大型房地产集团公司抓住了国内房地产快速发展的市场机遇，业务得到了全面、高速的发展，在短短的八年时间中，企业规模从原来的一百多人发展到现在的三千多人，年盈利能力达到三十多亿元，并且公司在去年成功上市。该公司为了扩大规模，先后成立了××物业公司、××销售公司等五个相关子公司，公司希望借着国内房地产市场良好的发展趋势，在未来的两年内继续扩大自身规模，跻身国内房地产公司前五名的行列。

二、现状分析

　　伴随着公司近几年的高速发展，公司高层管理者越来越发现公司内的人才已经越来越少，人的问题已经成为公司最为急需解决的问题，这引起了公司高层的高度重视。新一年度，公司人力资源部的一项重点工作任务就是要在最短的时间内建立起一套科学可行的人才盘点体系，帮助公司缓解人才短缺的现状。

　　人力资源部在第一时间对公司各个序列的负责人进行了访谈，详细了解了公司在人才短缺方面面临的困难。经总结发现，目前公司在人才短缺方面的问题主要表现在以下几个方面。

（一）员工的成长滞后于企业的发展，导致出现人才断层

　　由于该公司发展速度超出了预期，近两年人员规模迅速扩大，虽然招聘了很多新员工，但企业并没有积累起足够的中坚力量，很

多中层管理职位或空缺或"矮子中拔将军"，导致高层管理者既要花时间考虑整体战略、市场策略等重要决策，还要分出许多精力承担中层管理者的日常管理工作，或辅导他们，处理他们工作中的遗留问题。公司管理者抱怨自己的工作太多、太细，笑称自己是"保姆、救火队员"；而员工则抱怨公司的管理混乱，自己得不到足够的重视和指导。

（二）外部招聘人员与公司的契合度不高

由于没有后备人选，公司经常面对无人可用的尴尬境地，一旦出现核心员工离职，人力资源部就只能找其他人兼任，或紧急从外部"空降"。前者会导致兼任者工作量显著加大，无法长久；而空降者由于缺乏对公司的了解，需要时间适应。这种情况导致公司很多计划中的工作停滞或者效率低下，影响了公司的正常运转。更难办的是，当紧急"空降"人员表现不佳，公司很难重新做出选择，久而久之就步入"彼得原理的怪圈"。

（三）有能力的员工很难被发现

由于公司过去将战略重点主要放在发展自身规模和扩大市场占有率等方面，缺少对于公司人力资源方面的关注和投入，导致很多有能力、有潜力的员工并没有得到公正的评价，许多人才被埋没。以往，公司管理者常常是根据自己的主观评价确定一个员工的好坏，而这种评价方式一方面比较主观，另一方面也很难得到所有员工的认同。久而久之，一边管理者抱怨无人可用，另一边优秀员工因为自身的价值很难实现，选择了离职，从而更加剧了人才短缺的现状。

面对以上问题，公司决定邀请专业咨询公司一起解决。

三、解决措施

在接到该公司的邀请后，咨询公司结合实际情况，再次安排了该公司的部分核心序列的负责人进行了更为深入细致的访谈，综合分析之后，认为解决该公司所面临的人才短缺问题的关键是搭建一套有效的人才盘点体系：一方面，保留住公司核心人才；另一方面，加速公司人才队伍的建设，重点从内部缓解直至解决公司人才短缺的问题。在这基础上，咨询公司为其制订了一个详细的项目实施计划，在与公司高层管理者进行深入沟通后，咨询公司和该公司人力资源部一起，开始了具体的项目实施步骤。

（一）人才盘点前准备

确定了利用人才盘点解决公司人才短缺问题的大方向后，咨询公司和该公司人力资源部一起开展了盘点前的准备工作。

1. 通过人力资源规划，确定人力资源发展方向

项目开始后，咨询公司首先就集团公司现有的岗位进行了梳理，并对核心岗位进行了规划，确定不同岗位在企业未来发展中的重要程度和人才短缺程度，为下一步选择核心岗位打好了基础。

2. 选择核心岗位，确定盘点对象

迫于时间和成本的限制，不可能同时完成对所有关键岗位的人才盘点，咨询公司从人才缺口数量和岗位重要性两个方面，对各个岗位进行评价，并和公司高层管理者共同商讨，选择了部分核心岗位作为第一期人才盘点的主要对象。

（1）人才缺口数

根据第一步人力资源规划的结果，结合集团公司人才供给的现状，咨询公司从当前和未来发展需要两个方面，为所有的核心岗位梳理出了人才缺口数量，并进行了排布，对那些人才缺口较大的岗位进行重点关注，如项目经理岗的人才缺口数（23人）＝该职位未来需要的人数（35人）－现有人数（20人）－拟外部招聘人数（5人）＋可能离职人数（8人）＋可能晋升到上层的人数（5人）。

（2）岗位重要性

由于时间要求比较高，很难对所有岗位采用因素法进行岗位价值评估，因此咨询公司结合集团公司的实际情况，在征得其管理层一致意见

的基础上，采用了排列法确定岗位的重要性。

岗位评估小组由公司的高层管理者和咨询公司的专家组成，负责对所有岗位进行配对比较。在进行对比时，岗位评价小组同时从岗位当前的重要性和岗位未来对于公司发展的重要性两个角度进行综合考虑，并由每一名评价者进行打分。"集团公司岗位价值评估表"如表7-9所示。

表7-9　集团公司岗位价值评估表

	项目经理岗	成本经理岗	销售经理岗	物业管理经理岗	…	总分
项目经理岗		1	1	1	…	31
成本经理岗	0		1	1	…	20
销售经理岗	0	0		1	…	27
物业管理经理岗	0	0	0		…	15
…	…	…	…	…		…

计算每一名评价者的打分情况后，评估小组为不同评价者的打分予以不同的权重（董事长、总经理20%，其他高层管理者10%，咨询公司专家10%），最终确定岗位的价值大小。

如项目经理岗的最终得分为：31（董事长评分）×20%+33（总经理评分）×20%+31（高管1评分）×10%+30（高管2评分）×10%+32（高管3评分）×10%+30（高管4评分）×10%+33（专家1评分）×10%+32（专家2评分）×10%=31.6。

最后，将所有岗位的得分进行对比，最终得到岗位重要性的排布，以便在人才盘点过程中重点关注那些岗位价值较高的岗位。

综合岗位的人才缺口数和岗位的重要性，评估小组最终确定了项目经理岗、营销经理岗等八个岗位作为第一期盘点的主要对象。集团公司盘点岗位的选择如图7-11所示。

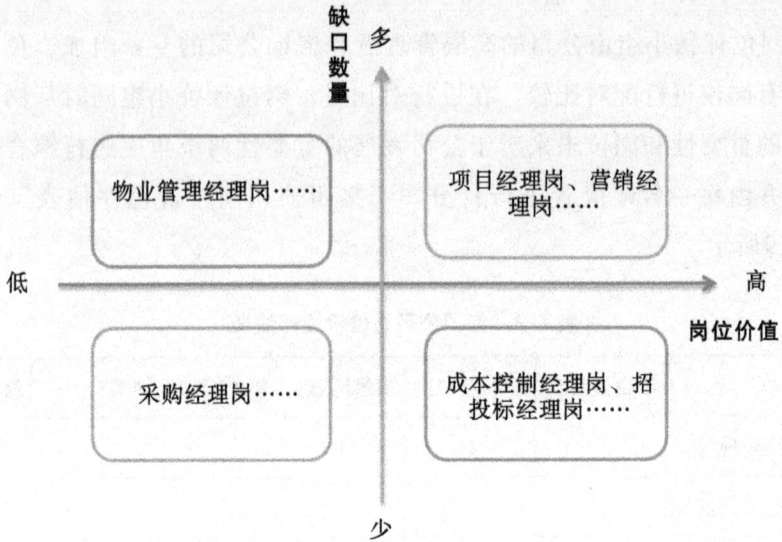

图 7-11　集团公司盘点岗位选择

3. 建立岗位胜任力模型

针对选定需要进行盘点的岗位，咨询公司为其分别建立了胜任力模型。由于时间所迫，胜任力模型的建立采用了行为事件访谈法和专家逻辑推导法两种方法同时进行，大幅度缩减了胜任力模型建构的时间，同时也保证了胜任力模型的准确性，具体如图 7-12 所示。

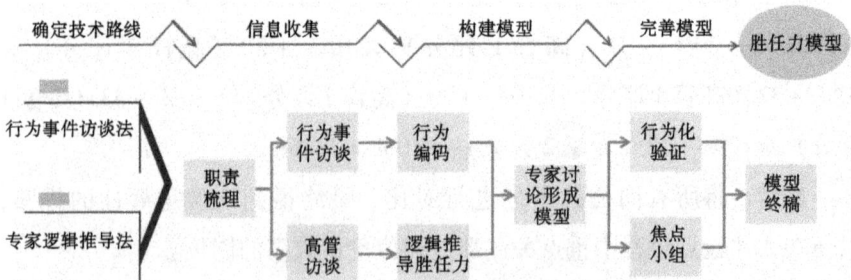

图 7-12　胜任力模型建构

行为事件访谈主要是访谈目标岗位的部分优秀员工，通过他们的具体工作事例，为模型建立提供足够的素材。专家逻辑推导法主要是邀请部分对目标岗位熟悉的专家，包括目标岗位的直接上级、岗位的在职优秀员工以及外部专家等。咨询公司通过这两个方法相结合的形式，最终建立了盘点岗位胜任力模型。

（二）基于胜任力模型的人才盘点

经过近一个月的时间，咨询公司和集团公司人力资源部一起完成了人才盘点的前期准备工作，同时，在前期结果得到公司高管确认后，咨询公司和人力资源部一起开始着手实施具体的人才盘点工作。

1. 组织人才盘点

（1）绩效表现数据收集

由于公司已经具备了一定的考核基础，所以在进行员工的绩效表现评价时，直接提取了员工近两年的绩效考核成绩（见表7-10），并进行平均，确定每名员工的绩效表现分数，按照27%界限的划分方法，分成高、中、低三个等级。

表7-10　员工近两年的绩效考核成绩统计

姓名	成绩			等级
	2012 年成绩	2013 年成绩	总成绩	
王严彬	89	95	92	高
蒋太平	90	88	89	
王胜利	87	87	87	
蔡鑫	89	83	86	中
王建湖	84	80	82	
……	…	…	…	
……	…	…	…	
……	…	…	…	
……	…	…	…	
……	…	…	…	低
……	…	…	…	
……	…	…	…	

（2）能力数据收集

由于集团公司过去并没有进行过能力评估的经验，所以如何进行能力评估是该项目的一个重点。咨询公司根据建立的岗位胜任力模型，综合分析了集团公司的实际情况，确定采用360度评估的方式来确定岗位员工的能力水平。360度问卷分为自我评估、上级评估、同级评估和下级评估四种版本。360度评估问卷同级评估版如表7-11所示。

表7-11 360度评估问卷同级评估版

填写说明：
问卷上有多个评价条目，我们给出了每个维度的定义和具体的行为描述。请您结合被评价者这一年在工作中的表现，按照每个维度的定义，对照每个具体条目上描述的内容进行评分。请您比较行为描述与被评价者的实际工作表现的符合程度，并根据问卷上1~7分的描述选择相应的评分。
我们都知道对于同一个人，他不可能在所有的维度上都是比较高的水平，因此，请大家打分时仔细思考一下，哪些方面他做的比较优秀？哪些方面做的还有欠缺？把做得优秀和做得欠缺的地方反映出来才能完整地反映一个人一年以来真实的表现。这就要求我们，对同一位被评价者在不同题目上的评分要体现出差异性，把被评价者表现突出的和尚需改进的不同方面充分体现出来，拉开表现好与表现不好之间的差异。
另外，有的评价人会评价不止一位高级管理人员，那么您评价的这些人员当中也会存在差异，大家在评价的时候可以对你评价的所有评价对象做一个对比，对一条描述评价完所有对象以后再进行下一条描述的评价，这就保证了各个被评价人之间的可比性。
请各位按照以上原则进行填写，填写后，我们会进行检查，如果不符合要求，会要求您重新填写。
首先请您从下列六个评估维度中选出被评价者在日常工作中表现较为优秀和相对有待提高的方面（各两个），并将与维度相对应的序号填在下面的表格中

（续表）

表现相对优秀的维度		表现有待提高的维度	
评价标准			
1：基本不能达到描述要求　　　　　　2～3：部分能达到描述要求 4：基本能达到描述要求（合格绩效） 5～6：能达到描述要求且有时能超越描述要求　　7：经常能超越描述要求			
序号	行为描述		评价（圈出所选数值）
专业能力：精通分管工作领域的相关知识，并能有效解决工作中的专业问题，能够对分支机构及下属进行专业指导			
1	精通分管工作的专业知识，能够全面、准确地指导和解答他人提出的专业问题		1　2　3　4　5　6　7
2	在自己的专业方面是行家，不管是在指导工作或开会给大家讲解的时候，大家都很信服		1　2　3　4　5　6　7
3	善于运用掌握的专业知识解决分管工作中的难题		1　2　3　4　5　6　7
…	……		1　2　3　4　5　6　7

　　每名员工的最终得分都取决于这四个方面的综合评定。本项目，为这四个角度的评分分别设计了不同的权重，其中上级权重为50%，同级为20%，下级为20%，自我为10%，将各个方面的评分进行加权求和，最终确定每一名员工的能力潜质上的得分，并且按照27%界限的划分方法，分成高、中、低三个等级。具体内容如表7-12所示。

表 7-12　员工能力潜质成绩统计

姓名	成绩					等级
	上级评定	同级评定	下级评定	自我评定	总成绩	
王严彬	92	90	90	90	91	高
王胜利	90	90	88	91	89.7	
蔡鑫	89	88	90	87	88.8	
蒋太平	87	88	90	87	87.8	
王建湖	…	…	…	…	…	中
……	…	…	…	…	…	
……	…	…	…	…	…	
……	…	…	…	…	…	
……	…	…	…	…	…	低
……	…	…	…	…	…	
……	…	…	…	…	…	

（3）人才盘点会

在进行能力潜质和绩效表现数据收集的基础上，咨询公司针对不同的目标职位，组织了多场人才盘点会。参与会议的领导主要为集团公司的高层、目标职位的直接和间接上级、人力资源部以及咨询公司。会议主要针对收集到的数据进行讨论，并进一步明确了目标职位每一名员工在人才盘点过程中应处于的位置。

盘点会后，为保证最终结果的公平公正，由咨询公司单独对整体结果进行整理，并且针对每一个目标职位，建立了人才盘点九宫格。具体内容如图 7-13 所示。

图 7-13　项目经理岗人才盘点九宫格

2. 盘点结果沟通

根据盘点结果，咨询公司的专家首先与集团公司的高层进行了一轮反馈沟通，并对结果进行了又一轮的确认，在这基础上，咨询公司的专家分别就每一个目标岗位的盘点结果与直属上级进行讨论，并由岗位的直属上级对目标岗位的每一名员工的盘点结果进行反馈。

反馈的主要目的在于督促员工找到快速提升自身综合素质的方法，同时，直属领导还应为每一名员工制定未来半年到一年时间的领导力发展计划（LDP），保证员工能够有针对性地进行自我提升。

（三）人才盘点结果应用

在完成了本次人才盘点工作后，集团公司领导对于下属员工的综合能力有了更加清楚的认识，在半年的时间内，那些盘点结果优秀的员工，有一半以上得到了提拔，这在一定程度上填补了集团公司人才短缺的现状。同时，人力资源部采用咨询公司传授的人才盘点方法，逐渐对公司的其他职位进行了盘点，并且建立起了自己的人才发展梯队。

通过本次咨询项目，该集团公司用了半年多的时间，快速找到了解决其人才短缺现状的方法并取得了一定成果。当然，问题解决是一个相对较为长期的过程，在咨询公司的后续跟踪中发现，该集团公司继续沿用了咨询公司的人才盘点方法，一年后公司的人才短缺现象得到了较好的改观，员工离职率由 25.7% 降低到 14.6%，并且由于人才短缺而需要外部招聘的人数也逐渐减少，集团公司的人才储备也有了很大的提升。

第三节　工具箱

一、岗位价值评估工具

（一）岗位参照法评估表

说明：本表格仅用于对不同岗位的价值进行评定使用；请对比标准职位，对其他岗位的岗位价值维度进行分数评定，评定的分数范围为 1~10 分，1 分最低，10 分最高；本问卷采用匿名的形式进行填写，请由本人完成，填完后请尽快将问卷交给人力资源部的负责人。

项目＼岗位	标准职位：项目经理岗	岗位1	岗位2	岗位3	岗位4	岗位5	岗位6
组织贡献	4						
管理规模	4						
沟通难度	7						
工作复杂性	7						
知识技能	7						
团队作用	7						

（二）对比排列法评估表

说明：本表格仅用于评定不同岗位的相对价值大小；请两两对比列出的不同岗位，确定两个岗位哪个对于组织的贡献更大/岗位价值更高，在对应的空白格内填入岗位所代表的序号；本问卷采用匿名的形式进行填写，请由本人完成，填完后请尽快将问卷交给人力资源部的负责人。

	岗位 1	岗位 2	岗位 3	岗位 4	岗位 5	岗位 6
岗位 1						
岗位 2						
岗位 3						
岗位 4						
岗位 5						
岗位 6						

二、岗位人才缺口计算表

说明：本表格仅用于评估各个岗位未来发展可能出现的人才缺口数。

具体的人才缺口数计算公式为：人才缺口数 = 该职位未来需要的人数 − 现有人数 − 拟外部招聘人数 + 可能离职人数 + 可能晋升到上层的人数。

项目 岗位	未来需要的人数	现有人数	拟外部招聘人数	可能离职人数	可能晋升的人数	人才缺口数
岗位 1						
岗位 2						
岗位 3						
岗位 4						
岗位 5						
岗位 6						
岗位 7						
岗位 8						

三、员工能力潜质访谈提纲（基于胜任力模型设计）

指导语： 您好！欢迎来参加今天的访谈，本次访谈的目的是希望了解你在过去一段时间内在工作中遇到的问题以及做过的一些实例，请结合自己在过去的两年工作的具体感受与事例进行回答，在分享事例时请按照事情的背景、任务、自己的行动和最终的结果四个方面进行作答。如果您在访谈中有任何的疑问，可随时提问，访谈时间大约为 1 个小时。

问题	针对胜任力
1. 请问您在该职位上工作了多少年？	基本信息
2. 请您描述您的职责与职权、工作目标或结果领域。	基本信息
3. 请您介绍一些你们这些产品的营销策略，以及您觉得比较好的营销策略。	客户营销
4. 您认为优秀销售（或品质、技术、生产等）人员的特征是什么？您与其之间的差距？	自我认知
5. 您是否针对工作制订了一些计划？如果有，那么您是如何实施这些计划的？	计划组织
6. 您不得不进行最难的决定有哪些？您是如何决定的（包括决定所用的时间）？结果如何？	决断力
……	……

四、人才盘点会评估表

姓名		性别		出生日期		学历	
所在部门		目前岗位、职级、年限			之前岗位、职级、年限		
教育背景	种类	毕业日期		毕业院校		所学专业	
能力潜质	综合分析	学习能力	创新能力	责任心	团队建设	专业能力	综合评价
							高 中 低
	评分标准：每项评价指标满分为 100 分，表现突出 95～100 分，良好 85～94 分，一般 70～84 分，较差 70 分以下。						
绩效表现	业绩综合评定				评定结果		
					高　中　低		
	填表日期：　　　　　　　　　　姓名：						
	说明：本表格仅用于人才盘点会时使用，表格中除能力潜质和绩效表现项外，其他项目由被盘点对象自行填写，并在盘点会召开 10 个工作日前，交由人力资源部进行统一的印制和发放；盘点会中与会领导人员需结合前期收集到的数据进行讨论，就员工的能力潜质和绩效表现进行综合评定，最终决定人才盘点结果。						

《胜任力模型应用实务——企业人力资源体系构建技术、范例及工具》
编读互动信息卡

亲爱的读者：

    感谢您购买本书。只要您以以下三种方式之一成为普华公司的**会员**，即可免费获得普华每月新书信息快递，在线订购图书或向我们邮购图书时可获得免付图书邮寄费的优惠：①详细填写本卡并以**传真（复印有效）**或邮寄返回给我们；②登录普华公司官网注册成为普华会员；③关注微博：@普华文化（新浪微博）。会员单笔订购金额满 300 元，可免费获赠普华当月新书一本。

哪些因素促使您购买本书（可多选）

○本书摆放在书店显著位置   ○封面推荐   ○书名

○作者及出版社   ○封面设计及版式   ○媒体书评

○前言   ○内容   ○价格

○其他（   ）

您最近三个月购买的其他经济管理类图书有

1.《   》   2.《   》

3.《   》   4.《   》

您还希望我们提供的服务有

1. 作者讲座或培训   2. 附赠光盘

3. 新书信息   4. 其他（   ）

请附阁下资料，便于我们向您提供图书信息

姓   名   联系电话   职   务

电子邮箱   工作单位

地   址

地   址：北京市丰台区成寿寺路 11 号邮电出版大厦 1108 室
               北京普华文化发展有限公司（100164）

传   真：010 - 81055644

读者热线：010 - 81055656

编辑邮箱：fulu@ puhuabook. cn

投稿邮箱：puhua111@ 126. com，或请登录普华官网"作者投稿专区"。

投稿热线：010 - 81055633

购书电话：010 - 81055656

媒体及活动联系电话：010 - 81055656   邮件地址：hanjuan@ puhuabook. cn

普华官网：http://www. puhuabook. cn

博   客：http://blog. sina. com. cn/u/1812635437

新浪微博：@普华文化（关注微博，免费订阅普华每月新书信息速递）